Michel André

Réponses chrétiennes à quelques questions - Tome2

Michel André

Réponses chrétiennes à quelques questions - Tome2

L'homme en relation avec lui-même et avec Dieu (suite)

Éditions Croix du Salut

Impressum / Mentions légales
Bibliografische Information der Deutschen Nationalbibliothek: Die Deutsche Nationalbibliothek verzeichnet diese Publikation in der Deutschen Nationalbibliografie; detaillierte bibliografische Daten sind im Internet über http://dnb.d-nb.de abrufbar.
Alle in diesem Buch genannten Marken und Produktnamen unterliegen warenzeichen-, marken- oder patentrechtlichem Schutz bzw. sind Warenzeichen oder eingetragene Warenzeichen der jeweiligen Inhaber. Die Wiedergabe von Marken, Produktnamen, Gebrauchsnamen, Handelsnamen, Warenbezeichnungen u.s.w. in diesem Werk berechtigt auch ohne besondere Kennzeichnung nicht zu der Annahme, dass solche Namen im Sinne der Warenzeichen- und Markenschutzgesetzgebung als frei zu betrachten wären und daher von jedermann benutzt werden dürften.

Information bibliographique publiée par la Deutsche Nationalbibliothek: La Deutsche Nationalbibliothek inscrit cette publication à la Deutsche Nationalbibliografie; des données bibliographiques détaillées sont disponibles sur internet à l'adresse http://dnb.d-nb.de.
Toutes marques et noms de produits mentionnés dans ce livre demeurent sous la protection des marques, des marques déposées et des brevets, et sont des marques ou des marques déposées de leurs détenteurs respectifs. L'utilisation des marques, noms de produits, noms communs, noms commerciaux, descriptions de produits, etc, même sans qu'ils soient mentionnés de façon particulière dans ce livre ne signifie en aucune façon que ces noms peuvent être utilisés sans restriction à l'égard de la législation pour la protection des marques et des marques déposées et pourraient donc être utilisés par quiconque.

Coverbild / Photo de couverture: www.ingimage.com

Verlag / Editeur:
Éditions Croix du Salut
ist ein Imprint der / est une marque déposée de
AV Akademikerverlag GmbH & Co. KG
Heinrich-Böcking-Str. 6-8, 66121 Saarbrücken, Deutschland / Allemagne
Email: info@editions-croix.com

Herstellung: siehe letzte Seite /
Impression: voir la dernière page
ISBN: 978-3-8416-9864-3

Copyright / Droit d'auteur © 2013 AV Akademikerverlag GmbH & Co. KG
Alle Rechte vorbehalten. / Tous droits réservés. Saarbrücken 2013

REPONSES CHRETIENNES A QUELQUES QUESTIONS

Tome 2

TABLE DES MATIERES

Chap. 1 : Le Bonheur : P 5
Qu'est-ce que le bonheur et comment l'obtenir?

Chap. 2: L'Amour : P 9
Qui l'amour concerne-t-il ?
En quoi consiste-t-il ?
Quels sont les obstacles à l'amour ?

Chap. 3 : La création P 25
Quelle est l'origine de l'homme et de l'univers?
Qui peut nous dire le « comment » de tout cela ?
Quel est le pourquoi de cette existence (de cette création) ?

Chap.4: Le salut. P 33
Le salut est-t-il vraiment pour tous les hommes ?
Méconnaissance de la « Bonne Nouvelle » et salut.

Chap.5: L' Esprit Saint. P 36
Qui a défini l'Esprit Saint et précisé son rôle?
L'Esprit Saint dans la vision chrétienne trinitaire de Dieu ?
Comment accueillir l'Esprit Saint ?

Chap. 6 : Infestation maligne. P 62
Comment l'homme peut-il être infesté par le mal et comment peut-il lutter contre cette infestation ?

Chap 7 : Eucharistie. P76
Comment elle s'insère dans l'œuvre de salut ?
Comment se vit le sacrement de l'eucharistie ?
A quelle "participation "sommes-nous appelés?

Chap 8 : Vocations P 91
Comment Dieu appelle-t-il à participer à son Plan par le biais des vocations?

Chap. 9 : Ce qui nous attend après la mort P 98

INTRODUCTION

Dans le Tome 1, notre propos était, d'abord, de démontrer la **spécificité de l'homme** en tant que personne à la fois charnelle et spirituelle. A partir de là, nous avons ensuite envisagé comment l'homme entrait **en relation avec lui-même et avec son Créateur**.

Le présent tome 2 poursuit l'étude de ces mêmes relations.

Les relations de l'homme avec lui-même et avec son Créateur, en effet, conditionnent étroitement les relations de l'homme avec ses semblables (celles qui occupent le devant de la scène dans les médias!).

Nous ne pourrons donc aborder les relations inter-humaines et les questions qu'elles soulèvent, qu'après avoir compris ce qui les génère en fait : l'homme...et Dieu (qu'on le veuille ou non!).

Nous abordons donc maintenant, pour commencer, ce qui mobilise tous les hommes: la recherche du **bonheur.**

Puis ce qui en est indissociable, **l'amour**. Ensuite, la place de l'homme dans **la création**. Puis le "pour quoi" de cette création, avec **une réflexion sur le salut**.

On aborde tout naturellement le rôle de **l'Esprit-Saint,** Créateur, dans tout cela et, par le biais de **l'Eucharistie**, la participation de l'homme à son propre salut obtenu par le Christ rédempteur.

L'appel de Dieu à tous les hommes en vue de leur participation à son œuvre de salut amène l'examen des **"Vocations"**. Nous l'avons fait en essayant de suivre le Plan de Dieu en la matière et non certains clichés habituels, sources possibles de confusions dramatiques !

Ce qui est immuable, en tous cas, c'est la destinée de bonheur, pour l'homme, dans le Plan de Dieu. C'est pourquoi on a rappelé **ce qui nous attend après la mort !**

Le suivi de ce fil conducteur nous amènera certainement à d'autres développements, ultérieurement !

CHAPITRE 1

LE BONHEUR

QUESTION : Qu'est-ce que le bonheur et comment l'obtenir ?

La recherche du Bonheur est la première préoccupation des hommes. Ceci parait une évidence et obtient donc facilement un consensus, mais se complique dés que l'on veut définir le Bonheur et y accéder.

Grosso modo, l'humanité est divisée, sur cette question, entre :
- **ceux qui pensent trouver le bonheur en eux-mêmes et par eux-mêmes**
- **ceux qui sont convaincus de le tenir d'une source transcendante qui les dépasse** et dont ils sont redevables de leur existence et de leur devenir.
-

Cette partition n'a pas un caractère aussi tranché dans le concret. Ainsi, une partie de ceux qui « croient en Dieu », ne lui laissent pas, pour autant, toute latitude pour les instruire des voies du bonheur et se fient plus à eux-mêmes qu'à Lui pour la conduite de leur vie. Et, a contrario, d'autres, qui pensent n'avoir aucun besoin de Dieu pour la même conduite de leur vie, suivent néanmoins certains principes reçus de l'extérieur (pour ne pas dire : de leur« nature ») et bien intégrés par eux. Notre premier propos se doit d'essayer de définir le Bonheur !

UNE PROPOSITION DE DEFINITION DU BONHEUR

A partir de l'expérience concrète de notre vécu quotidien, nous savons que nous éprouvons un **certain « bonheur » quand nous correspondons à ce pour quoi nous estimons être faits (consciemment et inconsciemment).** Cette constatation s'applique aux deux catégories d'individus définies plus haut,

En effet, **ce pour quoi « nous sommes faits » est déterminé :**
- **pour les uns par la réalité objective de leur être** avec tous les mécanismes qui le caractérisent (par exemple, on se sent fait pour les grands espaces, les découvertes, les voyages…ou l'on puisera un certain bonheur !)
- **pour les autres, également par cette même réalité, mais comprise dans le Plan de la volonté divine sur eux** (par exemple, on se sent fait pour lutter contre la misère dans le monde…et on trouvera du bonheur dans cette action si elle est accomplie dans le Plan de Dieu !)

Dans le premier cas, c'est l'individu qui détermine par lui-même ce pour quoi il pense être fait;
Dans le second, il doit rechercher **ce que la volonté divine lui fixe, ce pour quoi elle l'a créé.** Cette connaissance, il devra l'acquérir à la fois par sa réflexion, les injonctions de sa « conscience » et par la « révélation » que lui en fait son Créateur, directement ou indirectement.
Quoi qu'il en soit, on constate que, nonobstant un certain nombre de conclusions communes touchant « ce pour quoi on est fait » (et qu'on pourrait présenter, alors, comme « loi naturelle »), il y a de profondes divergences dans le résultat final de la réflexion.

Cette divergence résulte de la **reconnaissance ou non**, par l'homme, de son besoin d'être aimé et d'aimer. Il y a, en effet :

- **Ceux qui nient en eux ce besoin et ne se reconnaissent pas comme « faits pour l'amour ».** Par conséquent, s'ils estiment ne pas « être faits » pour cela, ce n'est pas en étant conformes à l'amour qu'ils rechercheront leur bonheur.

Ils le poursuivront d'autre façon et souvent tiendront l'amour pour négligeable, le refuseront ou s'y opposeront. Ce pour quoi ils estiment être faits est très variable en apparence et souvent très éloigné de l'amour. Mais, en réalité, **le besoin fondamental d'être aimé et d'aimer** qu'ils portent en eux, sans le savoir, va donner lieu, du fait de son insatisfaction, à la recherche de divers **« produits de remplacement de l'amour »**, parmi lesquels l'argent, le pouvoir, l'emprise sur les autres, les drogues en tous genres, les « expériences » de toute nature…bref, tout ce que l'homme peut imaginer! (cf chapitre 7 du tome 1).

- **Ceux qui reconnaissent en eux le besoin fondamental et primordial d'être aimé et d'aimer**, se savent, eux, « faits pour l'amour » et trouveront le bonheur en y étant conformes.
Pour cette conformité, ils devront cultiver et satisfaire tous **les « désirs secondaires » qui sont en accord avec l'amour et repousser ceux qui lui sont opposés.**

Certes, ils vont souffrir de l'insatisfaction des désirs qu'ils ont écartés afin d'être fidèles à l'amour coûte que coûte. Mais **ils pourront, dans le même temps éprouver le bonheur provenant de la correspondance avec ce pour quoi ils sont faits profondément. Ils s'achemineront ainsi vers le BONHEUR en rejoignant la Source même de l'amour.**

On peut donc dire que l'humanité se partage entre :
- ceux qui accordent la primauté à l'amour et cherchent à y conformer leur vie,
- et ceux qui, ne reconnaissant pas cette primauté, ne recherchent pas l'amour...au moins en apparence !

Pour autant, l'appartenance à l'une ou l'autre de ces catégories n'entraîne pas automatiquement conformité ou opposition à l'amour.
Certains, bien que déclarant rechercher la conformité à l'amour, agissent cependant en opposition à lui et d'autres, qui n'expriment aucune référence au besoin fondamental d'être aimé et d'aimer, se comportent pourtant dans le sens de l'amour !

La complexité de cette situation concrète est encore aggravée par l'imprécision, aux yeux d'un grand nombre, de ce qu'est vraiment l'amour! D'où la nécessité de revenir sur sa définition même. et sur ses caractéristiques. C'est l'objet du chapitre suivant.

CHAPITRE 2

L'AMOUR

Questions : Qui est « capable « d'amour ? Qu'est-ce que l'amour ?

QUI EST CAPABLE D'AMOUR ?

<u>Seule une **« personne »** est capable d'amour.</u>

Comme on l'a déjà vu, ce qui caractérise une « personne », c'est d'abord **sa capacité d'avoir des certitudes, dont la primordiale est celle d'exister.** On a vu (chapitre 1 du Tome 1) que l'affirmation de cette certitude nous est donnée par Dieu lui-même. Dans l'épisode du buisson ardent relaté dans la Bible, Yahvé se définit devant Moïse comme étant « celui qui suis » (Ex 3, 13-14)! **Et ce qui nous caractérise tous comme personne humaine, c'est cette certitude que nous avons d'exister. Elle ne procède d'aucune démarche de notre intelligence** et ne peut donc être que « spirituelle », **précédant toute pensée discursive**. La véritable séquence humaine c'est : **« je suis, donc je pense »** et non l'inverse ! (cf chapitre 1 du tome 1).

Habité par cette certitude d'exister, moi, être humain, je suis également capable de mobiliser mes capacités intellectuelles pour construire, classer, évaluer, contrôler des pensées qui débouchent sur des "convictions". La certitude de mon existence est donc antérieure à mes pensées, d'une autre nature qu'elles, d'une autre origine, qui n'est pas intellectuelle, "charnelle", mais relève de cette partie de ma personne qui est spirituelle, à savoir, mon « esprit ». Autre certitude que vit également la personne humaine que nous sommes, au niveau de notre esprit, **celle de l'Amour, la certitude qu'il y a un amour "absolu".**

Cette certitude nous est "donnée" par l'Amour absolu Lui-même, Dieu-Trinité divine, dont l'Esprit (Paul aux romains 8, 14-16), **amène notre esprit à crier avec certitude vers Dieu comme étant "Dieu-Père", Amour! ".** Ce qui est reconnu et vécu au niveau de notre esprit va l'être aussi, par nous, au niveau de notre affectivité, au niveau de notre chair, à l'égard de ceux que nous voulons aimer. Par contre, à ce niveau là, celui de la chair et de la simple affectivité, il s'agit de "convictions" et non de certitude. Ces convictions sont d'origine "charnelle" et non spirituelle. Elles sont faillibles et parfois très éloignées de l'amour véritable. C'est ainsi que nous fonçons parfois tête baissée dans la croyance naïve que nous sommes en train de vivre un AMOUR authentique, exceptionnel, avec quelqu'un, alors qu'il ne s'agit que d'une passion essentiellement "charnelle", sensuelle et fort éloignée de l'Amour véritable! Ce genre de confusion est, hélas, très répandu !

Seule une « personne », parce qu'elle est dotée d'un esprit, est capable d'amour véritable ! Avec nos animaux familiers, nous pouvons entretenir une relation affective très forte, mais pas une relation d'amour. Une autre source de confusion peut être ce que l'on nomme "l'amour de nous-même" et qui n'est, en fait, que « l'estime de nous-mêmes ».

Il ne peut s'agir là d'amour car celui-ci exige la présence d'au moins deux "personnes" pour exister.

Cela est vrai au point que l'on ne peut considérer Dieu comme un être d'amour que s'il comporte, en Lui, dans son Unité même, plusieurs « Personnes ». **D'où l'importance de la « révélation » chrétienne du**

caractère trinitaire de Dieu, source de l'amour résultant de la relation liant Père, Fils, Esprit.

A contrario, si Dieu n'était qu'une seule Personne, même toute puissante, même juste et indulgente pour l'homme soumis, il ne pourrait être source d'amour !

QUESTION : QU'EST-CE QUE L'AMOUR ?

L'amour est relation avec une autre personne selon deux « mouvements » :
a)   **L'un est « sortie de soi-même »** pour réaliser tout ce qui est possible pour le véritable bonheur de l'autre, au prix, même, si besoin est, d'effort et de sacrifice.

b)   **L'autre est « ouverture de soi-même » à autrui** pour en recevoir le véritable bonheur qu'on en attend pour soi, dans une libre acceptation de « dépendance d'amour » vis-à-vis de l'autre ! Il s'agit d'accepter de dépendre de l'autre pour mon propre bonheur!

L'amour est la relation même qui existe entre les trois Personnes divines dans la Trinité. Le fait d'être créé à l'image de Dieu entraîne pour toute créature humaine, en elle, comme en chacune des trois Personnes divines, **ce double courant de l'accueil et du don. De ce fait, chaque être humain porte en lui un besoin infini d'être aimé et d'aimer.**

En Dieu, ce « besoin » est entièrement satisfait (avant même de s'exprimer, si bien qu'il n'y a aucun manque, rien qui vienne attenter à la « plénitude de Dieu »). Par contre, tel n'est pas le cas de l'homme ici-bas où, au contraire, le manque ressenti est flagrant, sans que ce ressenti soit juste! Ainsi, l'homme peut ignorer l'amour que Dieu a pour lui!

Le besoin d'aimer et celui d'être aimé sont inséparables. Prétendre donner de l'amour sans avoir besoin d'en accueillir aboutit à la position caricaturale de « sauveteur ». Prétendre recevoir de l'amour sans en donner relève d'une mentalité de « victime ».

L'insatisfaction du besoin d'être aimé et d'aimer entraîne, comme pour l'insatisfaction de n'importe quel besoin, une souffrance. Cette souffrance est parfois facilement rapportée à sa cause dans certains cas : par exemple quand la démarche amoureuse d'un « soupirant » n'est pas agréée par celle qu'il désire. Par contre, l'insatisfaction peut se traduire par une « dépression », dont l'origine est la **discordance**, chez l'intéressé, sans même qu'il le sache, entre ce qu'il vit, à travers sa quête insatisfaite du bonheur, et ce pour quoi il est fait en réalité : l'amour !

Cet état de discordance peut même atteindre la grande majorité des personnes dans une société donnée, y entretenant un malaise profond avec menace d'auto destruction.

QUESTION : Accueil ou refus d'amour ?

Les humains ont la liberté de choisir en ce qui concerne l'amour, mais pas toujours la capacité de réaliser concrètement leur choix. Le fait même qu'ils soient invités à aimer suppose qu'ils ont la liberté de le faire, car **on ne peut obliger quiconque à aimer !** Dieu s'est donc « obligé » à laisser l'homme libre de ses choix concernant l'amour. Ainsi, même soumis à des entraves matérielles qui lui sont imposées, **l'homme peut choisir entre une réaction de haine ou d'amour vis-à-vis de ceux qui l'oppressent.** Chez tout homme, il y a, vis-à-vis de l'amour, **un choix de principe et un choix pratique.**

— **Le choix de principe** porte sur l'accueil ou le refus de l'amour comme sens général à la vie!

Si c'est le refus, cela constitue **le péché, qui est un refus conscient et volontaire d'amour.** Dans le concret, les actes de cette personne devraient donc être en contradiction avec l'amour. Mais ce n'est pas toujours le cas, ce qui tendrait à confirmer que, malgré son refus apparent de l'amour, il y a bel et bien toujours, en cette personne, un désir d'être aimé et d'aimer !

Si le **choix de principe est celui de l'amour**, cette personne orientera ses pensées et ses actions dans ce sens. Malheureusement, tout homme peut commettre des erreurs de bonne foi dans la conduite de ses actions. De plus, chacun est affronté à la présence en lui-même, de ces « deux hommes » dont parle Saint Paul. **D'où l'opposition entre la volonté d'être conforme à l'amour que désire l'un et le rejet de l'amour qui anime l'autre.** « je ne fais pas le bien que je désire mais le mal que je voudrais ne pas faire! » (Rm 7, 15-23)

- **Le choix pratique** : c'est celui du comportement concret, à travers des actes qui sont conformes ou non à l'amour.
- Ce comportement concret devrait être conforme au choix de principe, mais **la volonté de l'homme peut s'avérer inefficace pour entraîner une action désirée ou éviter un acte qu'on ne veut pas accomplir** et cela pour plusieurs raisons :
- Ce peut être le cas de la pulsion qui est un désir faisant irruption dans le conscient et porteur **d'une force à laquelle rien ne résiste.**
- Ce peut être aussi le cas d'un affaiblissement anormal de la volonté par intoxication, par maladie ou pour des raisons diverses (cf le chapitre11 du tome 1 : Désirs)

- Dans les cas extrêmes, cela peut provenir d'une « possession », au cours de laquelle les instruments d'accomplissement du désir que sont le corps et l'âme « corporelle », échappent totalement à la volonté car il y a infestation démoniaque jusqu'à ce niveau. Y a-t-il, pour autant, abolition totale, dans ces cas, de la liberté de l'homme ? En fait, la possibilité du choix de principe persiste a priori, même si le choix pratique est apparemment amoindri, voir nul comme dans le cas de possession où la personne a fait un pacte avec le Mal.
-

Il faut bien savoir, par ailleurs, que les conséquences pratiques d'un choix de principe déterminé se font souvent sentir à retardement. Ainsi, par exemple, la survenue d'une kleptomanie, des années après un choix de haine consécutif à un « abandon » à la naissance (représentant alors un « désir inconscient » de compensation du manque d'amour éprouvé). C'est pour cela que les « choix de principe » effectués dans la petite enfance ont un retentissement essentiel sur l'évolution de l'individu.

Mais en raison de notre liberté, ce choix de principe peut toujours être changé et donner lieu à un « nouveau choix », cette fois-ci dans le sens de l'amour !

ROLE ESSENTIEL DE LA CONFIANCE

Aussi bien pour « donner » que pour « accueillir », au niveau de l'amour tel qu'on l'a défini plus haut, la confiance est un préalable indispensable.
– En effet, on ne peut accepter de « donner » à l'autre, en vue de son bonheur que si l'on estime que le destinataire « mérite » le don qu'on lui fait et justifie les sacrifices qu'on consent pour cela. Autrement dit, **on doit avoir confiance en lui.** Quelle garantie avons-nous, justifiant cette confiance? **Cette garantie ne peut nous être apportée que par Dieu puisque ce**

qu'est ce partenaire en face de nous détient sa véritable identité de Dieu (« nous ne sommes que ce que nous sommes aux yeux de Dieu ! »). Dieu seul peut lui attribuer les capacités qui le rendent apte à « mériter d'être aimé »… s'il accepte de mettre en œuvre ces capacités.

—

Effectivement, Dieu se porte garant pour mon « partenaire » quand, dans le « grand commandement », Il me demande d'aimer ce prochain consécutivement à l'amour que je porte d'abord à Lui, Dieu-source de l'Amour ! **Ainsi, c'est parce que j'aime Dieu et donc lui fais confiance, que je pourrai faire confiance à mon prochain et ainsi l'aimer !**

En raison du rôle capital de la confiance dans l'amour, il est essentiel de mieux la définir encore !

LA CONFIANCE

Il y **a deux sortes de confiance :**
- **celle qui vient de la raison** : dans ce cas, ce sont des arguments solides qui nous poussent à faire confiance, mais qui sont de l'ordre de la « conviction ».

- **celle qui est en lien avec l'amour.**

Ce n'est pas qu'il y ait opposition entre amour et raison. Mais c'est seulement quand cette confiance est unie à l'amour qu'il s'agit de l'amour « agapé », c'est à dire en relation vraie avec l'esprit.

- **L'amour agapé**, lui, réclame une confiance totale, dont l'assise déborde toute argumentation « raisonnable ». Pour autant, il n'a rien à voir avec la naïveté. C'est, à **ce niveau le plus intime de notre personne** qu'est notre « esprit », un acte d'adhésion au mouvement profond qui nous porte à sortir de nous-mêmes vers l'autre, en acceptant le « risque de l'amour », c'est-à-dire la souffrance possible du fait de l'autre.

- **Par contre, si ma confiance provient de ma raison**, elle sera limitée par celle-ci et n'ira pas au-delà de ce que cette raison peut admettre. De plus, ce que j'attends et dont la réalisation fait l'objet de ma confiance, c'est moi seul, alors, qui le détermine. A vrai dire, dans cette sorte de confiance, **j'attends de Dieu qu'il réalise mes désirs**. Et si, d'aventure, ce n'est pas cela qui se produit, il y a grande probabilité pour que je perde totalement confiance! C'est le risque dans l'amour "eros" ou "philos" (sensuel ou affectif).

Si, au contraire, j'ai confiance que Dieu, même s'il n'écarte pas les obstacles à la réalisation de mes désirs, **me fera traverser les difficultés pour déboucher, même à travers une certaine souffrance, sur un « bien supérieur »**, alors, je suis dans la confiance d'amour. Même si les obstacles demeurent et si mon désir d'en être débarrassé n'est pas exaucé, je puis garder ma confiance. L'objet de celle-ci est en effet **au-delà de la satisfaction de mes désirs immédiats**.
La plupart du temps, notre confiance tient surtout de la raison et très peu de l'amour !

ALLIER LES DEUX SORTES DE CONFIANCE

Jésus, lui, nous a montré **comment passer d'une confiance de raison à une confiance d'amour :**
«… Lui qui, au cours de sa vie terrestre offrit prière et supplication avec grand cri et larmes à celui qui pouvait le sauver de la mort, il fut exaucé en raison de sa soumission» (Hb 5,7)

Dans un premier mouvement, en effet, Jésus, lors de son agonie, supplie son Père : « …si c'est possible, que cette coupe passe loin de moi…. » (Mt 26, 39). Cependant, sa confiance envers le Père n'a pas seulement pour objet l'éloignement de la souffrance, mais elle s'affirme comme confiance que son Père lui fera traverser victorieusement cette épreuve pour déboucher sur la résurrection : c'est une confiance d'amour totale ! Et c'est dans l'abandon au Père que Jésus va donner son accord : « Mon Père, si cette coupe ne peut passer sans que je la boive, que ta volonté se réalise!».

Jésus, ainsi, montre qu'il est pleinement homme, puisque, comme nous, il demande d'abord que l'obstacle disparaisse. Mais il entre pleinement et totalement dans la confiance d'amour, comme Fils du Père dans sa nature divine.

Pouvons-nous le suivre dans cette confiance d'amour, qui ne nous est pas « naturelle » ?

Certainement, mais seulement avec l'aide de Dieu à qui « tout est possible… » (Mt 19, 26).

Dans la lettre aux romains, Paul nous explique comment, en effet, nous avons à passer par une mort, donc par une agonie, semblable à celle de Jésus, pour avoir une résurrection semblable à la sienne (Rm 6, 3-5).
Qu'est-ce à dire ?....sinon qu'il nous faut passer d'une confiance de raison à une véritable confiance d'amour.

Nous pourrons alors, comme Jésus, traverser ces obstacles douloureux dont nous avons demandé à être délivrés…..et qu'il nous faut affronter contre notre désir et malgré notre peur!

Autrement dit, **nous ne pourrons pas rencontrer le « ressuscité » si la peur nous empêche de le reconnaître et d'entrer dans la confiance d'amour!** C'est pourquoi les récits de la résurrection sont émaillés de **tant d'incitations à ne pas avoir peur** et de tant de difficulté à reconnaître le ressuscité lui-même !

QUELLE EST, DANS L'AMOUR, LA PART DE LA CONFIANCE ?

On sait que l'amour comporte un double mouvement, comme on l'a vu plus haut en définissant l'amour.

Ce double mouvement de l'amour nécessite, de notre part, la conviction ou, mieux, la certitude de « l'amabilité » de l'autre, basée sur notre confiance, certainement déjà pour « donner » et encore plus pour accepter de « dépendre ».

Mais il y a une grande différence entre la confiance que nous témoignons par conviction (par la raison) et celle qui provient d'une certitude (par adhésion de notre esprit).

La conviction, c'est :
1) celle d'une amabilité de l'autre, sur le plan « matériel », allant de la beauté physique aux qualités psycho affectives, entraînant une attirance. Le tout réalise une **amabilité me poussant à donner**…avec la perspective de bénéficier de « retombées ».

2) celle de la capacité de l'autre à m'apporter mon propre bonheur, du fait de ce que je connais de lui sur les plans matériel et psycho-affectif. Cette

connaissance me pousse à prendre le **« risque raisonnable »** de faire confiance à l'autre pour l'obtention de mon propre bonheur.

La certitude, c'est d'abord celle de considérer l'autre comme digne d'être aimé, conformément à l'injonction du premier commandement : "Tu aimeras le Seigneur ton Dieu....et ton prochain comme toi-même." Il est alors pour moi aimable au point que je lui « donne » son bonheur et que j'attends le mien de lui, ce qui définit bien l'amour!

Cette certitude, comme on l'a vu, n'est pas « raisonnée » mais « spirituelle ». Elle s'impose avec une évidence indiscutable, tout comme la « certitude d'exister » qui est caractéristique de mon « esprit ».
La confiance « spirituelle » qui va de pair avec cette évidence est à la base de l'amour « agapé ».
La confiance « intellectuelle » ou « raisonnable », elle, est à la base de l'amour « eros » ou « philos ».

Qu'il soit bien clair que la certitude à la base de ma confiance en l'autre ne porte pas sur le choix qu'il fera (de m'aimer ou pas) mais **sur la capacité qu'il a de faire le « bon choix »,** que j'attends de lui, mais que ne puis ni ne veux lui imposer. <u>Il faut que l'autre soit entièrement libre</u> de son choix (sinon, ce ne serait plus de l'amour). En cela, je dois me comporter comme Dieu qui, par amour, et pour me permettre d'entrer véritablement dans l'amour, **me laisse entièrement libre** ! Je dois donc laisser l'autre libre.
Ma certitude porte bien, alors, sur la légitimité de la confiance que j'accorde. Elle rejoint l'espérance.

Cette espérance est différente de tous les espoirs que portent naturellement les hommes et qui sont de l'ordre de la conviction, non de la certitude.

Cette espérance vient, comme la confiance spirituelle, de l'esprit et de l'âme spirituelle, alors que l'espoir vient de l'âme corporelle.

En laissant à l'autre la liberté du choix de m'aimer ou pas, j'agis vraiment par amour, c'est-à-dire que je suis prêt à assumer les conséquences de son refus…jusqu'au bout : **c'est ce que Dieu a fait pour nous en Christ !**

QUESTION : Comment savoir dans quelle sorte d'amour et de confiance on se situe ? Y a-t-il moyen de départager, en nous, conviction et certitude ?
La conversion de Saint Paul peut nous aider en cela, car elle a comporté le passage brutal de **convictions**, défavorables au Christ, à la certitude d'une **confiance absolue en lui, entraînant un amour « agapé »,** confirmé par le concret de sa vie.

Or, c'est « la rencontre du ressuscité » qui a provoqué cette « conversion ». On peut dire que Paul a changé brutalement de croyance …**en passant à la foi, c'est-à-dire, à la confiance absolue au ressuscité.**

La confiance au ressuscité qui surgit dans notre esprit est bien d'ordre « spirituel ». Elle trouve sa source dans la confiance absolue réciproque de chacune des trois Personnes de la divine Trinité.

Dans nos amours humaines, la réalité est plus complexe. Le « désir fondamental » d'être aimé et d'aimer que chacun de nous porte en lui, pousse à l'amour. Mais il comporte un risque d'aveuglement par rapport au discernement des capacités non pas « théoriques » mais « pratiques » de l'autre de nous aimer : nous avons confiance dans sa capacité, bien réelle, d'adhérer à l'amour, mais nous méconnaissons parfois les obstacles que, **dans sa liberté**, il peut apporter à l'encontre de l'amour.

La naïveté peut alors prendre le pas sur la confiance !

C'est pourquoi le raisonnement, fruit de notre intelligence, est utile, voir indispensable pour compléter l'appréciation de l'autre, de l'usage qu'il fait de sa liberté et donc de la confiance que nous pouvons lui accorder.
Pour cela, nous devons, de notre côté, rester libre. Nous ne le serions pas si nous tombions dans la « passion » qui est une attirance irrésistible que rien ne peut freiner **et qui exclue toute liberté réelle.**

QUESTION : Quels sont les obstacles à l'amour ?

LES OBSTACLES A L'AMOUR

1) Ce peut être une « position de vie » défectueuse, consistant à
- soit seulement "donner", comme un "sauveteur"
- soit seulement "recevoir ou prendre", en tant que "victime"

2) Mais d'autres comportements sont aussi des **obstacles formels à l'amour** :
- **la perversion** qui, sous un habile camouflage à prétention d'amour, accule l'autre au désespoir par un « harcèlement morall ». Dans ce cas, le pervers cherche son « bonheur » dans la souffrance de sa victime. Celle-ci, dans l'impossibilité de « donner » comme d'« accueillir » est menacée par le désespoir et n'a d'autre issue que de casser cette relation perverse au nom de sa propre dignité et de celle du pervers, ce qui n'est pas facile. Dans cette situation, on est à l'opposé de l'amour, au moins pour un des protagonistes, car l'autre, même s'il doit résister énergiquement, peut toujours désirer le véritable bonheur de son bourreau et l'obtention de son bonheur … quand ce sera possible !

- **Les emprises** de toutes sortes, car elles restreignent ou suppriment la liberté. Or, celle-ci est une condition indispensable pour aimer.
- **La difficulté à s'aimer soi-même :**

Beaucoup de personnes déclarent être gênées pour aimer car elles « ne s'aiment pas elles-mêmes », disent-elles. En réalité, c'est plutôt d'estime de soi dont il s'agit et plus exactement, le « sentiment de culpabilité ou d'indignité».

Dans ce cas, les humains recherchent leur propre bonheur (même si c'est maladroitement). Ils s'aiment donc eux-mêmes, mais sont persuadés de n'être pas « aimables » **en raison de ce qu'ils « sont ».** Ce sentiment est différent de la conscience d'avoir commis des actes contraires à l'amour, (donc pouvant entraîner un rejet de la part des autres) **en raison de ce qu'ils ont fait et qui les empêche logiquement d'être aimés** (cf "sentiment de culpabilité, dans le Tome 1).

Il est certain que la juste estime de soi et l'amour envers Dieu et le prochain exigent de juguler le plus possible cette erreur du « sentiment de culpabilité ». Pour cela, une seule solution, difficile mais efficace : le pardon à ceux qui nous ont enfoncés dans ce « sentiment de culpabilité/ indignité ».

- **La passion.** Présentée souvent comme un idéal d'amour en raison de son intensité même, elle est, au contraire, à l'opposé de l'amour. Par définition, en effet, la passion enlève toute liberté d'action. Elle fait de l'homme un automate soumis à ses pulsions les plus violentes. Il n'y a plus de choix donc plus d'amour possible. Pour retrouver celui-ci, il faut récupérer sa liberté, vis à vis des emprises, celle des sens en particulier !

- **Envie et jalousie** : L'amour est au centre du Plan de Dieu sur tous les hommes et sur chacun en particulier. Or, il y a obstacle :

- au Plan de Dieu sur moi si je suis dans l'envie
- au Plan de Dieu sur les autres si je suis dans la jalousie

- **Les blessures** :

Elles viennent des agressions à l'égard de notre besoin fondamental d'être aimé et d'aimer et sont de plusieurs types :

Les agressions vis-à-vis de notre besoin d'être aimé :
C'est tout ce qui est ressenti par nous comme un déni d'amour de la part des autres, relevant d'indifférence ou d'agressivité....ou d'erreur de notre part ! **Les blessures ainsi occasionnées constituent des obstacles à l'amour** que seuls peuvent vaincre le pardon et la réparation (cf ultérieurement le texte « pardon »).

Les agressions vis-à-vis de notre besoin d'aimer :
Elles viennent de nous-mêmes, à chaque fois que nous refusons de donner l'amour que nous pourrions donner sous forme de contribution au bonheur de l'autre ! Dans ce cas, nous ne correspondons plus à ce pour quoi nous sommes faits et passons ainsi nous-mêmes à côté du véritable bonheur. En quelque sorte, nous nous blessons alors nous-même en privant l'autre.
Mais si nous nous enfermons dans une méfiance telle qu'il n'est plus question de prendre le « risque de l'amour » et accepter une dépendance d'amour vis-à-vis de l'autre, alors nous allons à l'encontre de notre besoin fondamental d'aimer! En agissant ainsi nous nous privons de l'accès au bonheur.
Le plus souvent, c'est la peur de souffrir qui provoque cet excès de méfiance, après des expériences malheureuses. C'est ce qu'on appelle la **« fermeture volontaire du cœur »**.

Tous ces obstacles à l'amour sont bien réels, mais, tout compte fait, ce qui va entraîner l'accueil ou le rejet de l'amour de la part d'une personne humaine c'est **le choix** que, dans sa liberté, elle est capable de poser. C'est d'ailleurs pour lui permettre de poser un choix (qu'il souhaite être dans le sens de l'accueil) que Dieu a créé cette personne « libre » !

CHAPITRE 3

LA CREATION

COMMENT EXPLIQUER L'UNIVERS

Parmi les hommes il y a deux catégories :

ceux qui nient avoir été créés par une Volonté Toute Puissante appelée DIEU, mais ne peuvent expliquer comment ils existent. Ils se disent « athées » c'est-à-dire « sans Dieu » ou « agnostiques » s'ils déclarent ne pas connaître…tout simplement, comment et pour quoi ils existent !

ceux qui, partant de la certitude qu'ils ont d'exister, de la certitude qu'ils sont à la fois « matière » et « esprit », du principe que « rien ne se crée…tout seul…. », disent : « je suis, donc Dieu est… ». Ils reconnaissent devoir leur existence à Dieu. Ensuite, il y a des divergences sur la façon de concevoir Dieu et de vivre sa relation à Lui. Le chrétien croit en un Dieu d'amour, il croit en la création de l'univers par Dieu et celle de l'homme en vue du Bonheur !

LA «CREATION»

C'est à la science que l'on demande **« comment »** l'univers a été formé, pas à la Bible. C'est à Dieu, à travers la Bible, que l'on demande **« pourquoi »** Il a créé l'univers, pas à la science qui, elle, n'a pas compétence pour cela !

A) LE COMMENT

Il faut se méfier des slogans simplistes qui n'expliquent rien, du genre : « l'homme descend du singe… » et relativiser les découvertes successives, souvent contradictoires, concernant l'histoire de l'humanité. Il est étonnant qu'on nous parle de dates d'apparition des premiers hommes sans nous avoir analysé ce qui différencie l'homme des animaux supérieurs (à savoir, l'existence, en lui, de « l'esprit »).

Même les découvertes scientifiques modernes exaltantes concernant l'univers, s'avèrent incapables d'assouvir notre soif de connaissance !
Il faut savoir que plus ces connaissance augmentent et plus nombreuses sont les questions restant à résoudre : c'est une évidence, qui ne doit pas, d'ailleurs, freiner notre désir de découvrir.

Même ce qui est scientifiquement établi à l'heure actuelle pour la partie accessible de notre univers, pourrait être remis en question quant à son universalité, par de nouvelles découvertes. Ainsi, au niveau des « trous noirs », il semble que les lois « physiques » qui régissent notre monde ici-bas ne s'appliquent peut-être pas vraiment !

Tout cela doit nous rendre très prudents vis-à-vis de toutes les théories proposées successivement sur la « création ». Sinon, on risque de se voir contredit par les faits, comme certains responsables dans l'Eglise l'ont été lors de « l'affaire Galilée », pour avoir manqué de prudence. C'est à cette prudence que nous a invités, depuis, le concile Vatican 2, en publiant « Dei Verbum » sur l'interprétation de la Parole de Dieu !

Actuellement, la plupart des scientifiques admettent un « big bang », à l'époque initiale de l'existence de l'univers, à partir duquel s'est produit une « évolution ». On nous affirme aujourd'hui que des quantités de "big bang" se produisent sans cesse !
Certes…mais dans l'évolution de l'univers, on est frappé par la survenue de phénomènes absolument imprévisibles au départ, tels que l'apparition de la vie.

C'est ainsi que, il y a trois milliards d'années, l'apparition de la vie sur terre, avec toute sa complexité, eut été totalement imprévisible!
On ne pouvait prévoir les lois qui régiraient la biologie **car les lois naturelles ne sont pas antérieures aux réalités de l'univers, mais découlent de ces réalités elles-mêmes.**
  Il y a, dans l'univers et au cours du temps, **une complexité croissante**. Force est de constater que **l'avenir ne découle pas automatiquement du passé !**

Cela évoque une **« création continue »** opérée par Dieu, une intervention de la part d'un « pouvoir d'intervention intelligent » **(intelligent design)**, agissant dans un but déterminé : c'est alors poser la question du « pour quoi ? » (cf plus loin).

A partir de tout cela ont été élaborées plusieurs théories, concernant le « comment », qu'il est intéressant d'aborder :

Ainsi la THEORIE DE L'INFORMATION, selon laquelle **Dieu agit sans cesse dans sa création.**
Selon cette théorie, l'univers reçoit des « informations » d'origine extérieure à lui. Qu'est-ce donc que ce principe d' « information » qui

intervient dans l'univers pour le faire évoluer d'une façon qui n'était pas prévisible scientifiquement ?

C'est à la fois :
-        un « **modelage** » de ce qui existe déjà
-        **une sorte de « message »** envoyé par un « intervenant », « message » que rien ne pouvait laisser prévoir et qui est donc d'autant plus sensationnel.

Nous pouvons facilement comprendre le « modelage » comme une « forme » nouvelle donnée **à ce qui existe déjà**, à partir de l'exemple d'une boule de pâte à modeler, qui spontanément, n'aurait aucune tendance à changer et ne changera de forme **que si on la « modèle »**.

Quant au « message », c'est ce qui provoque l'apparition du scientifiquement imprévisible, comme par exemple l'apparition de la vie. **C'est la constatation de tout cela qui fait supposer une « création continue » avec succession de modelages et de messages.**

DIEU AGIRAIT DONC EN PERMANENCE DANS UNE CREATION EVOLUANT SANS CESSE!

Cette constatation s'accorde avec un principe essentiel:

LE PRINCIPE UNIVERSEL DE VIEILLISSEMENT

Il résulte des lois naturelles connues (principe de Carnot-Clausius). Ce principe affirme qu'il existe une usure, un vieillissement irréversible appelé **entropie** qui, lui, est prévisible (Cela concerne notre soleil par exemple).

A l'opposé, on constate que l'information augmente sans cesse : **c'est la loi de complexité croissante** dont on vient de voir qu'elle plaidait en faveur

d'une « création continue ». Il nous faut constater l'existence de cette double réalité, ce qui nous introduit déjà à la question du « pour quoi ? » !
Saint-Paul exprime autrement cette réalité, dans 2 Cor. 4, 16 :
« …même si en nous l'homme extérieur va vers sa ruine, l'homme intérieur se renouvelle de jour en jour ». **En fait, cette double réalité, c'est celle de la matière et de l'esprit.**

En conclusion de cet abord du "comment", on constate que l'univers a une histoire. Les éléments de cet univers, tel le soleil, ont une fin prévisible. Ils vieillissent de manière irréversible depuis leur commencement. Et en même temps, on constate la complexité croissante de cet univers par l'augmentation incessante de l'information.

Par son intelligence, l'homme est en mesure de comprendre que l'univers a eu un commencement et que cette « création » n'est pas seulement une chiquenaude initiale, coïncidant avec un big-bang, mais qu'elle est « information continue », communication d'information nouvelle **dans le cadre d'une certaine finalité**. La notion de création continue est donc accessible à l'intelligence humaine et compatible avec les données de la science.

Mais si celle-ci nous dit le « comment », elle ne peut déceler la finalité. En tous cas, d'après les données qui nous sont fournies par la science, **il est logique d'éliminer, dans une réflexion sur la « création »,** :
- **le positivisme absolu** qui refuse le droit d'exister à tout ce qui n'est pas explicable par les sciences expérimentales et ignore donc tout ce qui existe au-delà de son pré-supposé.
- **la théorie de l'émergence**, selon laquelle l'univers émane de la substance divine, mais sans intention ni liberté de la part de ce "divin". La

dégradation progressive viendrait de l'éloignement par rapport à la source divine.

- **le fixisme**, théorie selon laquelle l'univers est un système fixe comparable à une machine au fonctionnement réglé (l'horloge de Voltaire!) dont on peut par conséquent prévoir l'avenir si l'on en connaît le passé.

Par contre, la **théorie de l'information**, en débouchant sur la notion de **« création continue »,** nous permet d'envisager la relation entre l'homme et « Celui qui crée en continu » et que l'on nomme DIEU.

(A)   LE POURQUOI

C'est la grande question débattue dans l'humanité depuis qu'elle existe. La réponse varie selon les religions qui répondent chacune en fonction de sa conception de Dieu.

Pour le chrétien, c'est la Bible qui explique le "pour quoi", à sa façon poétique, au début du livre de la Genèse. A chaque étape de la création, Dieu « vit que cela était bon », mais, avec l'homme, c'était « très bon » ! L'homme est donc le couronnement de la création, effectuée en vue de son BONHEUR.

En effet, s'il est créé à l'image de Dieu qui est BONHEUR en Lui-même, de par la **plénitude de la relation d'amour** entre les trois "personnes" divines, l'homme ne peut alors qu'être destiné lui aussi au bonheur. **C'est cela le Plan de Dieu sur sa création, sur l'homme. Et c'est un Plan de bonheur axé sur l'amour.**

Tout ce qui correspond au Plan de Dieu entraîne du bonheur. Tout ce qui le contrarie entraîne, tôt ou tard, du malheur.

Notre vie sur terre est destinée à l'apprentissage de l'amour, à une croissance en amour, selon le Plan de Dieu.

Mais l'homme a voulu obtenir son bonheur par lui-même, en lui-même, en dehors de Dieu et de l'amour : c'est l'origine de sa chute !

QU'EST-CE QUE LA CHUTE?

Les créatures de Dieu, angéliques et humaines, mises devant l'offre de Dieu de leur assurer un Bonheur sans limite en participant à la Vie d'Amour de la Trinité divine ont du faire un choix en toute liberté. Pour les hommes, le choix est figuré dans la Bible par le fruit de "l'arbre de la connaissance" (Gn 2, 16-17).

Le choix est donc :
- Soit acceptation de l'Amour comme voie du Bonheur et donc acceptation d'une **dépendance d'amour** vis-à-vis de Dieu et des autres créatures.
- Soit rejet de cette voie et recherche du bonheur en soi-même, en opposition à l'Amour, dans **l'indépendance** à l'égard de Dieu et d'autrui!
Par l'option du rejet, **la créature cherche à s'élever au niveau de la Source du Bonheur, qui est Dieu Lui-même.** Mais son désir d'être Dieu est irréalisable. Ce désir de s'élever à une condition inatteignable entraîne une chute vertigineuse avec coupure vis-à-vis de Dieu. Dés lors, Dieu seul pouvait rejoindre l'humanité.

Il l'a réconciliée avec Lui par **le "salut",** assumé par l'incarnation du Verbe, Jésus, vrai Dieu et vrai homme. Sa passion, sa mort et sa résurrection ont libéré l'humanité et l'ont **"réconciliée" avec Dieu dans une mutuelle dépendance d'amour.** Saint Paul le proclame dans la lettre aux philippiens (Ph 2, 5-8): "...Jésus Christ, lui qui est de condition divine...devenu semblable aux hommes et reconnu à son aspect comme un homme...s'est abaissé, devenant obéissant jusqu'à la mort...sur une croix".

Ce qu'on appelle "péché d'origine", ou "originel", chez l'homme, c'est cette **tendance à l'indépendance par rapport à Dieu et à l'amour qu'il représente.** Il en résulte la poursuite chimérique d'être dieu en concurrence avec Dieu. C'est la prétention de Satan lors de la tentation du Christ (Lc 4, 5-7)! Depuis lors, l'homme ne cesse de s'accrocher à ce malencontreux **désir d'indépendance** par rapport à l'amour. Il voudrait saisir le bonheur en gardant l'entière souveraineté sur ses désirs, décisions et actions. Il voudrait **déterminer, hors de l'amour et de Dieu, ce qui est Bien et ce qui est Mal.** Il n'hésite pas à parodier l'amour et le déformer selon sa volonté de s'opposer à Dieu. Cependant, il se sait créé et simplement co créateur. Il est donc en souffrance, par rapport à son désir et, pour "calmer" cette souffrance de ne pouvoir créer, **il cherche souvent, comme Satan à détruire la création de Dieu, pour s'affirmer à ses propres yeux! Au lieu de "construire" avec Dieu, il "détruit", contre Dieu, contre l'amour:** c'est le "péché"! Cette tendance se manifeste déjà chez les enfants qui, à la plage, détruisent les "chateaux" de sable des autres enfants ….pour le plaisir de détruire, et continuent au cours de leur vie!
Cf Genèse 1, 1-31 1, 27 Gn 2 Gn 3 Psaumes 103

CHAPITRE 4

LE SALUT EST OFFERT A TOUS LES HOMMES

QUESTIONS :
Le salut est-t-il vraiment offert à tous les hommes ?
La méconnaissance de la Bonne Nouvelle empêche-t-elle de parvenir au salut?

En découvrant le Plan de Dieu sur l'homme, on est frappé par sa constance au cours de l'histoire de l'humanité : Dieu ne dévie pas de son désir de BONHEUR pour l'homme, pour tous les hommes (pour ce « peuple à la tête dure »), malgré les infidélités de l'humanité. On est émerveillé par l'ampleur des moyens déployés à cet effet : l'incarnation du Verbe, sa passion, sa mort, sa résurrection.

Aussi, n'est-t-il pas étonnant que cette volonté de Dieu de ne voir aucun homme se perdre, soit traduite, dans l'évangile. Ainsi, dans Marc, par exemple, au chapitre 16, Jésus envoie ses disciples dans le monde entier pour y proclamer la Bonne Nouvelle du salut et coopérer à celui-ci. Or, de nos jours, seule une fraction de l'humanité connaît vraiment cette Bonne Nouvelle ! Qu'en est-il pour tout le reste ?

Tout d'abord, **il faut distinguer méconnaissance et refus.**

On ne peut être tenu pour responsable vis-à-vis de ce dont on n'a eu aucune connaissance ou seulement une connaissance déformée au point d'être méconnaissable. Or, c'est le cas de toute une partie de l'humanité, du fait d'une information inexistante ou dénaturée concernant la BONNE

NOUVELLE. Pour tous existent cependant des occasions de choisir l'Amour. Jésus, dans le récit du jugement dernier, au chapitre 25 de Matthieu , nous décrit l'étonnement émerveillé de ceux qui , ayant mis l'amour dans leur vie concrète se trouvent confirmés dans la justesse du bon choix qu'ils ont fait : « ...le Roi leur répondra : ...en vérité , je vous le déclare, chaque fois que vous l'avez fait (le Bien) à l'un de ces plus petits qui sont mes frères, c'est à moi que vous l'avez fait ! »(verset 40).

Tout autre est le « **refus de la Bonne Nouvelle** » tout simplement **par refus de l'amour** auquel elle invite tout homme. C'est cela le « refus de croire », le refus d'entrer concrètement dans l'amour ! Aussi, « celui qui ne croira pas sera condamné » (Mc 16, 16).

De même que l'amour concret pour le prochain sera un test pour l'entrée dans le Royaume (Mt 25, 40), de même, le refus d'aimer le prochain sera, une équivalence de rejet de la Bonne Nouvelle pour ceux qui n'auront pas connu celle-ci. Le Roi leur dira : « ...chaque fois que vous ne l'avez pas fait (le Bien) à l'un de ces plus petits, à moi non plus vous ne l'avez pas fait ! » (Mt 25, 45).

Jésus sollicite de ses disciples adhésion et participation à l'œuvre du salut, par la diffusion de la Bonne Nouvelle, par les actes concrets d'amour du prochain, par l'offrande conjointe de leur vie, avec la sienne, lors de l'eucharistie. **Mais il sollicite de tout homme le choix de l'amour comme sens à une vie, qui mène alors au Royaume :** « Qui aime son frère demeure dans la lumière, et il n'y a rien en lui pour le faire trébucher » ! (1Jn, 2, 10). Mais celui qui a bénéficié de la connaissance de la Bonne Nouvelle, doit « accomplir l'œuvre de Dieu" en croyant en celui qu'Il a envoyé (le Christ) et en lui obéissant (Jn 6, 29)...d'où **l'importance de la relation**

des hommes au « Divin »! (chap.9 Tome 1).

CHAPITRE 5

L'ESPRIT SAINT

Même en milieu non chrétien, l'évocation de Dieu le Père ou celle de Jésus peuvent être assez familières. Par contre l'évocation de l'Esprit Saint est souvent imprécise, embarrassée, dénotant beaucoup d'imprécision à son égard. Il est donc important d'essayer de répondre aux questions soulevées à son sujet.

Question:
Qui a défini l'Esprit Saint et précisé son rôle?

C'est au concile de Nicée (en 325) et au concile de Constantinople (en 381) que l'Eglise universelle a défini l'essentiel de ce qui concerne le Saint-Esprit et l'a inscrit dans le "credo" qui est l'énoncé de la foi chrétienne.
Que dit ce "credo de Nicée-Constantinople" à ce sujet ?
"Je crois en l'Esprit-Saint, qui est Seigneur et qui donne la vie; il procède du Père. Avec le Père et le Fils, il reçoit même adoration et même gloire, il a parlé par les prophètes."

Le « credo » définit donc :
- qui est l'Esprit Saint
- quel est son rôle

QUESTION :
- Comment, à partir du "credo", préciser qui est l'Esprit Saint et le situer dans la vision chrétienne trinitaire de Dieu ?

Contrairement aux termes de Père et de Fils, qui parlent à notre imagination, celui d'Esprit n'évoque en nous aucune représentation précise. Jésus nous l'a dit: Dieu est Père, et Lui est son Fils. Ces mots nous parlent, car ils renvoient directement à nos racines humaines. Tous, nous sommes fils ou fille, peut-être père ou mère, et tous les jours nous rencontrons des visages de père, des visages de fils... Cette expérience quotidienne nous aide à percevoir quel type de relation unit Jésus à son Père. Mais l'Esprit Saint? Qui est-il? Comment est-il? Quel est son visage? A priori, aucun repère ne nous est offert... Bien plus, les images qui le décrivent sont impersonnelles: vent, souffle, eau, feu...ou vague, comme "colombe"! Il faudrait lui demander de venir Lui-même se présenter! Et après tout pourquoi pas, puisque Jésus nous a promis de nous l'envoyer!

Alors, "Esprit Saint, viens! Viens à notre aide, sois notre lumière et notre guide. Viens nous prendre par la main, introduis-nous quelque peu **en ton mystère**, que nous puissions mieux comprendre qui tu es et ce que tu désires accomplir au coeur des hommes..."!

Dans le Premier Testament, l'Esprit Saint est évoqué sous des appellations multiples.
Mais, même dans le Nouveau Testament, on trouve **différents sens possibles au mot "esprit".** Pour parler de l' « esprit », les auteurs y emploient le terme "pneûma", dont le sens premier est le vent, le souffle...!
Mais "pneûma" désigne aussi "l'esprit" de l'homme, cet aspect immatériel de son être qui se distingue de son corps de chair. C'est ainsi que St Paul

affirme que la visite de son ami Stéphanas a tranquillisé son "esprit", ou bien il déclare que nul ne connaît ce qui concerne l'homme sinon "l'esprit" de l'homme qui est en lui...

Par contre, quand St Jean dit que **"Dieu est Esprit"**, il affirme que la Personne du Père et la Personne du Fils s'expriment par une nature identique qui est Esprit. En ce sens on peut parler de l'Esprit du Père ou de l'Esprit du Fils, car le Père comme le Fils partagent la même nature divine. A notre niveau, il en est de même pour nous: nous sommes tous différents les uns des autres car chaque personne humaine est unique. Pourtant, nous nous exprimons tous par l'intermédiaire d'une même nature humaine: un corps de chair, une âme, un esprit... mais chacun le fait à sa façon à lui...

Enfin, "pneûma" peut désigner la Troisième Personne de la Trinité, l'Esprit Saint, qui est Dieu tout comme le Père et le Fils, c'est à dire qui possède Lui aussi cette nature divine qui est Esprit.

Ces différents sens possibles de "pneûma" amènent les traducteurs à se poser toujours la même question chaque fois qu'ils le rencontrent : l'auteur parle-t-il simplement du vent, ou bien de quel "esprit" s'agit-il? De l'esprit de l'homme, ou de l'Esprit d'une Personne divine, ou encore de la Personne Divine qui s'appelle "Esprit Saint"? Il est parfois impossible de trancher... mais ces difficultés sont révélatrices de la profondeur du mystère chrétien, comme nous allons essayer de le voir.

Pour nous faciliter la tâche, **nous réserverons par la suite le terme "Esprit" à la nature divine, et l'expression "Esprit Saint" à la Troisième Personne de la Trinité.** Mais attention, le Nouveau Testament ne suit pas toujours une telle classification...

Première donnée essentielle:

L'Esprit Saint est **une personne**, comme l'indique le mot « en » dans la formule : « je crois en l'Esprit Saint ». En effet, on croit quelque chose, mais on croit « en » une personne.

Il est Seigneur (Dominum), terme qui marque la divinité : **Il est Dieu**, tout comme le Père et le Fils. Le fait que l'on dise que l'on croit « en un seul Seigneur, Jésus Christ », (in unum Dominum Jesum Christum) n'élimine pas, pour l'Esprit Saint, la réalité de sa divinité de Seigneur. En effet, le terme : « **un seul Seigneur**, Jésus Christ » veut dire que la divinité et l'humanité du Christ sont unies en **une seule et même Personne divine, celle du Verbe fait homme. Cela ne veut nullement dire que Jésus est la seule personne divine !**
L'Esprit Saint (ou Saint Esprit, dénomination identique) est donc Dieu, une des trois Personnes réunies dans le Dieu unique et recevant « même adoration et même gloire » que les deux autres.

Quand on parle du Dieu unique, il s'agit d'unicité, du fait que les trois Personnes sont distinctes. Il ne s'agit pas d'unité monolithique comme dans la croyance islamique. L'unicité, elle, induit la notion de **relation entre les trois Personnes** et, dans la vision chrétienne, de relation d'amour. Cette relation d'amour revêt le caractère d'infini et d'éternité découlant de la divinité.
C'est donc une circulation d'amour éternelle, infinie, parfaite qui existe entre le Père, le Fils et l'Esprit Saint, faisant de Dieu la source de l'amour et comblant en plénitude chacune des trois Personnes dans son désir infini d'être aimé et d'aimer.
La relation unissant l'Esprit Saint au Père et au Fils n'est pas une relation linéaire dans l'espace ou une précession dans le temps, où l'Un précéderait l'Autre.

C'est une relation « circulaire » sans début ni fin mais avec un caractère de paternité, dans le Père, s'exerçant vis-à-vis du Fils qui a un caractère de filialité et induisant la relation de l'un et de l'autre avec l'Esprit Saint. La « querelle » ayant opposé l'orient et l'occident par rapport au fameux « filioque », ajouté par l'occident au credo est donc dépassée !

En réalité, **il y a réciprocité entre le Fils et l'Esprit Saint** : ainsi, l'Esprit nous donne la Parole… mais celle-ci nous donne l'Esprit Saint. A l'eucharistie, l'Esprit nous donne le Christ mais par la communion, le Christ nous donne l'Esprit Saint etc…

L'Esprit-Saint est donc bien une des trois personnes de la Communion Trinitaire en Dieu.

QUESTION : QUEL EST LE ROLE DE L'ESPRIT SAINT ?

A) IL EST **CREATEUR,** car **SEIGNEUR.**

Lors du « chaos initial », « l'Esprit planait sur les eaux ») (Gn 1, 3). Il participe donc à la création!

B) IL **"DONNE LA VIE"** : Il ne s'agit pas seulement de « la vie naturelle » dans le cadre de la création à laquelle Il participe (cf chap 1 « la création »).

De nos jours c'est surtout à cette **« vie naturelle »** que les hommes s'intéressent, désirant en devenir les maîtres absolus, recherchant une **super vie naturelle** !

La vie que nous donne l'Esprit Saint, c'est aussi la **« vie surnaturelle ».**

LA VIE QUE DONNE LE SAINT-ESPRIT

1) La vie naturelle, c'est-à-dire celle qui caractérise tous les êtres vivants dans la création.

2) La vie surnaturelle, qui est participation à la vie même de Dieu, à cette communion d'amour de la Trinité dans laquelle nous sommes destinés à vivre sans fin la plénitude de l'amour et donc du bonheur.

QU'EST-CE QUE LA VIE SURNATURELLE ?

C'est une TRANSFORMATION de nous-mêmes, donc de notre vie, par l'action de l'Esprit-Saint.

C'est gratuit...c'est par une **grâce, qu'on appelle "sanctifiante"**....car elle nous rend "saints", capables, un jour, de vivre la Vie d'amour qui est en Dieu. Cela, grâce à une progression suffisante en amour durant notre vie. En nous déclarant :"Soyez saints, comme votre Père est saint!"(1P1, 15-16 et Lv 19,15-16), Jésus nous fixe le but à atteindre, pour notre bonheur.

Cette action sanctifiante se produit en nous en profondeur, en nous transformant intérieurement et en transformant notre vie.

QUESTION: Comment l'Esprit Saint va-t-il opérer, en nous, cette transformation qu'est <u>la vie surnaturelle?</u>

En respectant notre liberté : il est nécessaire que nous l'accueillions librement, en posant clairement le choix de cet accueil. C'est ainsi que le baptême par le choix librement exprimé de l'amour comme sens à notre vie, nous ouvre à la grâce sanctifiante de l'Esprit Saint. La vie nouvelle qui nous est ainsi donnée nous transforme. Elle ne pourrait être remise en question que par un acte volontaire de rupture de notre part : un refus catégorique d'amour, de choix du mal, qui n'est autre que le péché caractérisé.

En soulignant la liberté indispensable qui doit présider à notre choix d'ouverture à l'Esprit Saint, on affirme la nécessité d'une pleine conscience de ce qu'est l'engagement du baptême pour pouvoir recueillir tous les fruits de cette vie nouvelle. C'est dire que celui qui a été baptisé alors que son jeune âge ne lui permettait pas encore un choix pleinement libre, doit, dés qu'il est en mesure de le faire, confirmer catégoriquement le choix posé par d'autres en son nom.

Par une action continue, qui nous transforme de l'intérieur , qu'on nomme:

Grâce sanctifiante

La grâce sanctifiante agit **dans une permanence sur laquelle se greffent des "temps forts"** : par exemple lors de la réception des sacrements, ou, en dehors de ceux-ci, lors des "effusions de l'Esprit », lors du "repos dans l'Esprit" (lorsqu'il est authentique), lors de certains événements de notre vie, alors que celle-ci peut comporter des lenteurs dans l'avancée, voir des reculs transitoires, ou des stagnations.

C'est dire l'importance, alors même que nous bénéficions de la grâce sanctifiante, d'être **"revisités** par l'Esprit » en sollicitant ces interventions qui sont les "temps forts" d'une action continue. L'action de Dieu dans et par la grâce sanctifiante est permanente : Jésus nous l'affirme :"mon Père....... est toujours à l'oeuvre, et moi aussi, je suis à l'œuvre "(Jn 5, 17). De même, l'Esprit Saint est toujours à l'œuvre!

Elle agit dans la douceur: S'il est vrai que Dieu peut se manifester avec éclat, comme au Sinaï où les hébreux tremblaient de peur (Ex 20,19), par contre, c'est dans la brise légère qu'Il se manifeste à Elie! (1R19, 12-13). Et, avec nous, Dieu ménage notre faiblesse.

Elle agit selon la personnalité de chacun, en la respectant :
C'est Dieu, et non les "frères", qui connaît le coeur de chacun, son cheminement, sa sensibilité. L'Esprit-Saint adapte son action transformante à chacun. Aussi devons-nous respecter cette action, ne pas intervenir de façon intempestive auprès des autres pour leur imposer notre propre façon de faire, de prier etc....., tant que leurs "dévotions" ne font pas obstacle au progrès de tous dans l'Eglise. Chacun de nous est un libre enfant de Dieu.

Cette liberté, bien entendu n'est pas la licence...de faire n'importe quoi, gênant injustement les autres. Notre liberté s'arrête où commence le droit des autres, et Jésus nous met en garde contre le scandale que nous pourrions provoquer et qui favoriserait la chute des faibles.

GRACE SANCTIFIANTE DANS LE PREMIER TESTAMENT

Dans 1Sam 16,13, lorsque Samuel a oint David, celui-ci est "saisi par l'Esprit" qui habite en lui et le transforme, de telle sorte que ses réactions ne sont plus "humaines", mais selon Dieu : ainsi respecte-t-il Saül qu'Avishaï voulait tuer! (1Sam 26, 8-11). Egalement dans 1Sam 24, 5-7, quand il épargne la vie de Saül.

EXEMPLE DE GRACE SANCTIFIANTE DANS LE NOUVEAU TESTAMENT

Dans les Actes, le récit de la conversion de Saint-Paul nous montre comment l'Esprit Saint agit **par la grâce du baptême,** pour transformer radicalement Paul, du dedans (Ac 9, 17-20).

LA GRACE SANCTIFIANTE N'EST PAS UNE PROTECTION MAGIQUE

Bien que transformés par la permanence, en nous, de la grâce sanctifiante, nous restons cependant pécheurs, sujets à la tentation, et y cédant parfois, ce qui doit nous inciter à la prudence.

C'est ainsi que nous voyons David, pourtant gâté par Dieu, succomber à la tentation et pécher gravement (2 Sam 24,10), mais obtenir de Dieu la réconciliation qui permettra à l'Esprit-Saint de continuer à mener à bien, du dedans, son action de transformation.

De même, Salomon, qui avait bénéficié de la grâce sanctifiante manifestée par la Sagesse de l'Esprit Saint qui était en lui a péché gravement par la suite (1 R 11, 4).

C) « Il A PARLE PAR LES PROPHETES »

Cette action très importante de l'Esprit découle de son rôle dans le salut : Il intervient auprès de chacun de nous et de tous, **pour nous aider à choisir ce qui correspond au Plan de Dieu et nous guider sur le chemin qui mène au Royaume.** Il suscite en nous des prises de conscience, la claire vision de ce qui est conforme à l'amour et de ce qui lui est opposé. Il nous encourage dans la prise des décisions souhaitables, nous aide dans leur accomplissement avec persévérance.

L'expression : « Il a parlé par les prophètes » recouvre non seulement ce qu'Il a fait à travers eux, mais aussi ce qu'Il réalise à travers la Bible, ce qu'Il inspire à l'Eglise et ce qu'Il donne à chacun de nous, **à chaque fois qu'il en est besoin**, pour progresser ! **Cela désigne les « grâces actuelles ».**

A la continuité de la grâce sanctifiante, vue ci-dessus, s'oppose la discontinuité, le caractère temporaire de CES AUTRES INSTRUMENTS **DE L'ESPRIT-SAINT** QUE SONT <u>LES **GRÂCES ACTUELLES**</u>.

En tant que grâces, elles sont gratuites. Elles sont aussi :
- discontinues, à durée limitée, variables, donc pouvant disparaître...et réapparaître. Il nous faut donc être attentifs à les « saisir » comme Marie, sœur de Lazare, qui avait compris la grâce que constituait l'enseignement de Jésus lors de son passage (Lc 10, 38-42).
- variées.
- destinées au bien de celui ou celle qui la reçoit et au bien de tous, de l'Eglise, et même du monde, car tout don fait à un individu ou à un groupe, retentit sur les autres, comme nous le voyons dans le récit de la Pentecôte (Ac 2), ou déjà dans le premier Testament, avec les prophètes.

C'est pourquoi quand le credo déclare : "...il a parlé par les prophètes", cela veut dire qu'il a inspiré les prophètes, sous forme de ces grâces actuelles, au moment voulu, afin qu'ils disent ce qui était bon pour tous.

Cela veut dire aussi que l'Esprit Saint donne, à celui qui le demande sincèrement, de comprendre ce que Dieu veut dire dans la Bible. Il le donne, non par notre intellect psychique mais par notre « âme spirituelle et par notre esprit », à un moment donné et dans un but donné à ce moment là. D'où la différence totale entre un abord de la Bible selon la « critique » intellectuelle et un abord selon la grâce actuelle reçue de l'Esprit.

Cela veut dire enfin qu'en toutes occasions, l'Esprit Saint nous fournit, sous la forme des "grâces actuelles ", les moyens dont nous avons besoin pour progresser vers le Royaume.

Ces grâces actuelles accordées par l'Esprit Saint, comportent aussi tous les dons ou **charismes** qui se sont toujours manifestés dans l'Eglise, **comme moyens de transformation des hommes.**

LES CHARISMES

Pour être efficaces, les grâces actuelles que sont les charismes doivent être :

- **accueillis librement**. Pour cela, ils doivent être reconnus, à la fois par l'intéressé et par le groupe d'Eglise où il se manifestent, puis être acceptés par ceux qui doivent les exercer.

Ce n'est pas toujours le cas, car c'est une responsabilité qui peut faire peur : ainsi, Jonas, doué par Dieu d'un charisme « d'évangélisation » pour convertir Ninive, a longtemps résisté à l'ordre de Dieu, avant d'obéir....en traînant les pieds.

- **pour le temps que Dieu veut**, et non celui que les hommes désirent
- **dans la douceur :** L'exercice d'un charisme ne doit jamais blesser. Ainsi, par exemple, une "prophétie" qui accuserait publiquement un frère ne serait pas vraie!...ce serait un moyen de mort et non de salut.
- **dans le respect du cheminement de chacun,** en imitant Jésus lorsqu'il accueillait la demande excessive de la mère des fils de Zébédée (Mt20, 20-28), ou la femme"hémorroïsse" (Lc 8, 43-46).
- **en considérant ces charismes comme moyens et non but,** car ils ne signifient nullement l'arrivée dans le Royaume. De nombreux exemples illustrent cela : ainsi, Salomon, bien qu'ayant reçu un charisme de sagesse exceptionnel......déplut à Dieu!

C'est cette multiplicité des dons de **L'ESPRIT SAINT** qui nous fait comprendre, mieux que tout, qu' il est : ESPRIT D' AMOUR !

L'Esprit Saint se cache derrière ses dons

Dieu est Esprit, et l'Esprit Saint est Celui qui nous communique tous les dons de Dieu, et Il le fait en nous donnant part à ce qu'il Est : nous recevons ainsi un "Esprit de fils", c'est à dire une grâce spirituelle qui nous unit à Dieu et fait de nous ses enfants. Cet "Esprit de fils" est aussi un "Esprit de lumière", car Dieu est Lumière; c'est pourquoi, nous dit St Paul, "puisqu'à présent vous êtes lumière, conduisez-vous en enfants de lumière". Cet "Esprit de fils" est aussi un "Esprit d'amour" puisque Dieu est Amour, et de fait, nous dit encore St Paul, "l'amour de Dieu a été répandu dans nos coeurs par l'Esprit Saint qui nous a été donné". Cet "Esprit de Fils" est "Esprit de paix", car Dieu est Paix... et, de fait, les dernières paroles du Christ à ses disciples seront :
"Je vous laisse ma paix, je vous donne ma paix, mais je ne vous la donne pas comme le monde la donne", c'est à dire extérieurement, par un simple baiser par exemple. Non, le Christ nous donne sa paix par l'Esprit Saint, en nous permettant de la vivre en nous comme Lui la vit, c'est à dire en nous donnant d'avoir part nous aussi à son "Esprit de paix"...

L'Esprit Saint se cache ainsi derrière ses dons... Nous percevons son action en nos coeurs, "tu entends sa voix" comme dit Jésus à Nicodème, "mais tu ne sais pas ni d'où il vient, ni où il va" ni qui Il est (Jn 3, 8). Il agit et il s'efface... Il reçoit et il donne... Il rend témoignage au Christ et il unit au Père... Il ne cesse de nous éclairer, nous instruire, nous introduire dans le mystère du Christ, nous apprendre à aimer, nous guider, nous encourager, nous consoler, mais impossible de voir Qui Il est. Pourtant, c'est par Lui que Dieu est présent au coeur du monde (Eph 3, 14-21).

Dés lors, se pose une autre question:
QUESTION : Comment accueillir l'ESPRIT SAINT

UNE EXPERIENCE VECUE D'ACCUEIL DE L'ESPRIT SAINT

C'est le récit de la pentecôte dans Actes 2, 1- 13).On y voit :
1) <u>Une mise préalable en situation</u> (v. 1-5) comportant l'attente priante des apôtres et, du côté des juifs venant à Jérusalem, une démarche vers Dieu. A souligner, l'unité existant entre les apôtres et avec Marie, réunis ensemble, dans l'accueil les uns des autres.
2) <u>Deux signes de Dieu</u> : le vent bruyant et les langues de feu (rappelant l'annonce du baptême « dans l'Esprit et le Feu »). Mais parfois, l'Esprit vient dans la discrétion !
3) <u>« Effusion de l'Esprit »</u> (v 2-4) : tous sont remplis de l'Amour même de Dieu-Esprit qui réunit les trois Personnes. L'Esprit seul peut le communiquer et en remplir celui qui le reçoit au point qu'il va « éclater », « déborder » en amour dans deux directions : Dieu et le prochain !
- **Par rapport à Dieu**, va se faire l'expérience vivante de l'Amour trinitaire avec la certitude de l'Amour de Dieu, c'est-à-dire une connaissance spirituelle et non psychique de cet Amour. C'est un basculement du vieil homme dans l'homme nouveau, une entrée dans l'Alliance nouvelle.

La relation à Dieu du vieil homme était faite de tiédeur,
indifférence, méfiance, peur, agressivité, révolte et haine
vis à vis de Celui qu'il voyait comme obstacle à ses désirs.
L'homme nouveau, lui, va rejoindre son Seigneur dans la

confiance et l'amour.

- **Par rapport au prochain** : il y a un élan pour lui faire partager la découverte de l'amour de Dieu et pour en vivre concrètement avec lui. Ce partage, c'est celui du « kérygme » ou annonce de la Bonne Nouvelle, que chaque disciple du Christ se doit de faire, à la mesure de ses capacités, **tout en montrant qu'il en a intégré les préceptes dans sa vie concrète.**

QUESTION: En nous, où en est l'action de l'Esprit Saint ?
Il nous faut reconnaître où nous en sommes!

1) **Reconnaître tout ce que Dieu fait pour nous** : les actions, les dons, les charismes qui sont normalement ceux de tous les baptisés, mais aussi ceux qui sont particuliers.

Ces charismes particuliers sont bien repérables, et même connus de tous (par exemple tel charisme qu'aura confirmé mon groupe de prière), mais est-ce que nous nous rendons compte de tout ce que Dieu fait pour nous **à chaque instant, à commencer par le maintien en vie....**
Souvent on entend dire :"Dieu ne m'entend pas, Dieu ne m'écoute pas!"....alors qu'il n'arrête pas de retirer les pierres devant nous sur le chemin.
Parfois même, nous préférons ne pas voir tel charisme que Dieu nous donne, car cela nous fait peur!
A l'opposé, **je puis me croire bénéficiaire de charisme ou de mission que les autres membres de l'Eglise ne confirment nullement**. Si je persiste à l'affirmer, en méprisant l'avis des autres, je risque de devenir "faux prophète", chef de secte....même si ma secte ne compte qu'un seul membre : moi-même!

2) Reconnaître la présence transformante, en moi, de l'Esprit-Saint, qui se juge d'après l'amour que j'ai :
- pour Dieu
- pour les autres

Mon amour pour Dieu : Deux possibilités :
a) Ma vision de Dieu est encore faussée, si je le vois encore comme, cherchant à me "coincer", me juger, comme un implacable obstacle à mon épanouissement, voir même comme mon ennemi. Dès lors ma relation à Lui est faite, au mieux d'indifférence, au pire d'agressivité, mais certainement pas d'amour!

b) Ma vision de Dieu est dans la vérité : Oui si j'ai pris conscience de l'amour infini de Dieu, par le don de l'Esprit Saint qui met en moi la **certitude** de son amour comme Il l'a fait pour tous ces juifs qui L'on accueilli, le jour de la Pentecôte, en écoutant les apôtres. En même temps m'est donnée, comme pour eux, la pleine conscience des agressions commises envers l'Amour. Pour eux, c'était la mise à mort de Jésus (Ac2, 23)) et, pour chacun de nous, notre péché. D'où cette réaction de souffrance d'avoir agressé l'Amour et de joie d'être pardonné par le Dieu de miséricorde. **C'est cela le repentir** (Ac2, 37-38).

Suis-je dans le repentir? c'est à dire en vérité sur Dieu et sur moi?
Si c'est oui, alors je suis dans l'amour de Dieu, en bonne voie de transformation par la grâce sanctifiante, et **je me retrouve "justifié"**. Le repentir entraîne l'accueil du salut dans la foi et m'apporte, alors, en Christ, la "justification"(Rm10, 9...).

Mon amour pour les autres

Là aussi , est-ce que je vois les autres en vérité?
Accueillir la vérité sur les autres, c'est les recevoir comme les fils de Dieu qu'ils sont, eux aussi, et donc **frères du Christ, comme je le suis**, par grâce de Dieu. C'est les accueillir dans l'Unité, l'universalité de la Pentecôte (l'opposé de Babel).
Accueillir les autres, c'est accueillir le Plan de Dieu sur eux, clairement manifesté par Jésus lorsqu'il a dit à Nicodème (Jn 3) que la volonté de Dieu était « que tous soient sauvés ».
C'est là que la notion de **"communion des saints"** est indispensable à intégrer au plus profond de notre être.
Comme il a été dit plus haut, tout charisme, toute grâce, tout don de Dieu à l'un de nous, rebondit sur la communauté, pour son bien.

L'action transformante de la grâce sanctifiante en moi a, entre autres effets, celui de combler la **sensation de "manque" d'amour** (surtout manque à être aimé!) qui s'est développée en moi, dans le "vieil homme" que j'étais et qui a favorisé mon « sentiment de culpabilité/indignité ». C'est cette sensation de "manque", qui m'incitait à envier les autres, ce qu'ils avaient et m'amenait à être malheureux de les voir heureux : il ne fallait pas que les autres aient plus que moi!
Transformé par l'action de l'Esprit-Saint, je considère dés lors, au contraire, comme m'appartenant, en commun avec eux, tout ce que Dieu leur donne, de même qu'ils disposent, en retour, de tout ce qui m'a été donné par Dieu. En tant que « frères », **nous possédons tout en commun** (Ac 2, 44).
Par conséquent, je me réjouis de tout ce que reçoivent les autres : c'est pour moi aussi!...finie la jalousie!

3) Reconnaître les obstacles que je mets à l'action transformante de l'Esprit-Saint en moi.

Certes, il peut y avoir manque d'accueil initial et dans ce cas la "grâce sanctifiante" ne peut agir en nous pour nous transformer. Ce fut le cas d'une partie des auditeurs des apôtres à la Pentecôte. En effet, à coté de ceux qui accueillaient (Ac2, 12), d'autres ricanaient et se détournaient (Ac2, 13).

Mais si j'ai accueilli, il me reste ensuite à me convertir
C'est une nécessité incontournable!
Trop souvent, touchés par l'amour gratuit de Dieu grâce à l'Esprit -Saint, remplis de reconnaissance pour ce que Dieu a accompli en nous, nous pensons qu'il n'y a rien de plus à faire, alors que, dans une relation d'amour, le don ne peut rester unilatéral mais doit être réciproque : chacun fait l'effort de donner.

Après avoir accueilli (ce qui est indispensable), il nous reste à donner quoi à Dieu? : une véritable **conversion!**

Faute de cela, notre vie va s'affadir, notre louange du Seigneur va sombrer dans la routine et, tout en proclamant notre amour de Dieu et du prochain, nous constaterons qu'il ne se traduit plus vraiment dans notre vie concrète, que nos relations deviennent difficiles, que notre unité s'effrite. Bref, rien ne va plus comme au temps merveilleux de notre « rencontre avec Jésus! ».

Que s'est-t-il passé?
Tout simplement, il y a un OBSTACLE**, c'est....le PECHE! C'est-à-dire ce qui s'oppose à l'amour !**
OUI nous étions, certes, dans le repentir, justifiés même. Mais il nous manquait encore la volonté de retirer de notre vie le péché ....**jusqu'à la racine! Notre conversion n'était pas totale!**

La première chose à faire est donc de **voir quel est ce pêché** qui crée cet obstacle en nous.

En général, il s'agit de quelque chose d'ancien, qui s'est en quelque sorte installé, enkysté dans notre vie et y occupe une place non négligeable, mais que nous minimisons, car nous avons avec lui une sorte de **connivence, de complicité**. Ce pêché, installé confortablement, cela nous procure même certaines "satisfactions" que nous n'osons pas regarder en face. C'est un "compagnon de vie" qui entend n'être pas délogé et connaît tous les arguments à faire valoir auprès de nous ....pour rester là!

QUELQUES PISTES POUR DEBUSQUER CE PECHE

- **Péché personnel** :

Il est souvent repérable par la distorsion, l'**opposition** qu'il y a, dans certains secteurs de ma vie entre ce que je déclare et la réalité. Par exemple, je puis proclamer que Dieu est le Tout-Puissant et par ailleurs, rechercher auprès de "guérisseurs"...ou pire, la protection de "pouvoirs" que je sais être en opposition avec celui de Dieu. Une telle attitude démontre que j'ai de la méfiance envers Dieu, envers son Amour infini pour moi. Cela "casse" ma relation à Dieu : c'est un véritable péché qui va détériorer ma vie, rendre inopérantes les grâces de Dieu!

Mais ce n'est peut-être pas ce péché que je vais mettre en avant dans mon "examen de conscience", alors que c'est peut-être **lui qui entraîne tous mes autres péchés**, secondaires en fait, ainsi que mes continuelles "rechutes".

Ces lieux "d'opposition", dans nos vies sont multiples et variés, selon chacun! C'est le problème de la "double vie".

- **Péché collectif :**

Le premier exemple du genre a été le péché des hommes à Babel où ils ont mis en oeuvre toute leur énergie pour leur propre gloire, en concurrence avec celle de Dieu.

A côté de l'orgueil personnel, facile à détecter, il y a **l'orgueil collectif**, celui d'un groupe, par exemple, qui ne travaille plus pour la gloire de Dieu, mais pour la sienne seulement. C'est la raison des difficultés de certains groupes qui font ainsi **obstacle à l'action de l'Esprit-Saint.**

C'est aussi le cas de tous les "péchés de structure" contaminant notre milieu familial, social, ethnique, voir religieux, dans lesquels nous "trempons" sans même, parfois, nous en rendre compte! (cf "péché" Tome 1). Ne nous étonnons plus, dès lors, d'être arrêtés dans notre marche vers le Royaume.

Le contraire de cet "orgueil collectif", c'est **l'humilité** qui s'est manifestée chez ceux qui, à la Pentecôte, ont accueilli l'Esprit-Saint : "le coeur bouleversé...., ils demandèrent à Pierre et aux autres apôtres: que devons-nous faire?"(Ac 2,37). C'est qu'en effet, après avoir détecté le péché-obstacle, il nous faut l'éradiquer, à force **d'efforts de volonté, dans le combat spirituel.**

QUESTION : COMMENT PRIER L'ESPRIT SAINT ?

Cette question s'insère dans celle de la relation des hommes à Dieu dans la prière (cf Tome 1, chapitre 14)

Dans la relation à Dieu par la prière, puisque, dans le Dieu Unique, il y a trois Personnes divines, je puis aussi bien m'adresser à l'Ensemble en l'appelant « Seigneur ». Mais je puis m'adresser plus spécialement à l'une des trois Personnes : « Père », « Fils », « Esprit Saint ». Dans ce cas, je puis ajouter « Seigneur » : par exemple : « Seigneur Jésus ! » ou « Seigneur Esprit

Saint ! » pour souligner la divinité de la Personne de la Trinité à laquelle je m'adresse plus spécialement.

Mais, de toutes façons, vue la relation d'amour parfaite qui relie les trois Personnes en un seul Dieu, il y a accord total entre elles et leur volonté s'exprime par une convergence absolue. Donc, ce que j'exprimerai à l'Une sera exprimé aux Autres, ce que j'obtiendrai de l'Une sera obtenu des deux Autres. Il n'y a aucune concurrence entre les Trois, mais complémentarité d'action, ce qui veut dire <u>rôle spécifique pour chacune des Personnes</u> : ainsi, le Fils est, dans son unique personne, à la fois pleinement homme et pleinement Dieu. Il est donc à la fois notre « frère » et notre Dieu, réalisant pleinement le « pont » entre Dieu et les hommes !

COMMENT PRIER « SPECIFIQUEMENT » L'ESPRIT SAINT ?

Dans un premier temps, nous allons nous interroger sur la prière que nous adressons d'habitude à l'Esprit Saint, en examinant d'abord ce que nous lui demandons. Puis nous chercherons à **connaître ce que Lui nous demande**. Enfin, nous verrons de quelle façon nous nous adressons à Lui, en essayant d'apprécier notre manière de nous y prendre et de modifier celle-ci si cela apparaît nécessaire.

QUE DEMANDONS NOUS D' HABITUDE ?

Certains s'adressent à L'Esprit Saint comme à un spécialiste de problèmes particuliers. En premier lieu, pour <u>tout ce qui concerne nos facultés intellectuelles</u> : difficultés de compréhension, de mémoire, d'imagination dans la recherche de solutions à un problème difficile, voir même recouvrement d'objets perdus…ou récupération de personnes ayant pris une distance par rapport à nous ! Il est, effectivement Celui qui dispense le don d'intelligence. C'est important en période d'examens, certes, mais aussi en toutes circonstances nécessitant une réflexion !

N'hésitons donc pas à demander à l'Esprit Saint d'augmenter nos capacités intellectuelles. Mais n'oublions pas qu'à côté de cette sorte d'intelligence, il y a aussi l'intelligence « spirituelle »qui correspond au **secteur spirituel de notre personne.** Notre esprit est directement branchée, justement, sur l'Esprit Saint et reçoit de lui la « Vérité toute entière » à laquelle nos facultés intellectuelles seules ne nous permettent pas d'accéder. **C'est l'accession à cette Vérité là que nous avons à demander à l'Esprit.**
Certains prient l'Esprit Saint de <u>faire éclater la vérité</u>, mais souvent dans un sens restrictif : « que ceux qui ne pensent pas comme nous comprennent que nous avons raison ! » …étant entendu que nous sommes certains d'être déjà dans la vérité et n'avons donc pas besoin d'être éclairés : cela est fréquent dans le dialogue conjugal. La « vérité », c'est plus que cela : c'est, en fait, **la Vérité toute entière** que nous venons d'envisager plus haut.

Parfois nous demandons à l'Esprit Saint <u>de faire l'arbitre entre nous</u>, comme autrefois se pratiquait le « jugement de Dieu », alors que Jésus nous conseille de nous entendre « avec notre adversaire ». Nous avons donc à demander la grâce de savoir discerner en toute impartialité, dans l'amour fraternel !
<u>On demande aussi l'« esprit de force »</u> pour surmonter avec courage et efficacité les épreuves et l'esprit de « sainteté » afin de progresser dans notre vie spirituelle par ses grâces « actuelles » et « sanctifiante » et entrer pleinement dans le « projet de Dieu » sur nous et sur les autres. Or, nous savons bien que sur le chemin de la sainteté nous aurons à subir les persécutions, ce que seul cet esprit de force pourra réaliser en nous.

A Lui qui est l'Esprit d'Amour, <u>nous demandons que soit comblé notre désir fondamental d'être aimé et d'aimer</u> puisque le projet même de Dieu comporte, pour toutes ses créatures humaines le bonheur que seul l'amour peut donner en plénitude ! Cette demande correspond exactement à la volonté même de Dieu, à son Plan sur chacun et sur tous et sera donc, si elle est sincère, certainement exaucée !

Sur tous ces points, nous avons besoin de l'éclairage, de l'aide de l'Esprit Saint.

A SON TOUR, QUE NOUS DEMANDE L'ESPRIT SAINT ?

Cela nous est dit dans Jn 16, 7-15. Quand l'Esprit, envoyé par Jésus, viendra, il confondra le monde en matière de péché, de justice et de jugement. <u>L'Esprit nous demande donc d'abord, de nous démarquer du monde, conformément à la prière de Jésus (Jn 17, 15-17)</u>, afin de ne pas tomber sous le coup de cette triple accusation/ condamnation portée contre « le monde » :

1)   Celle du péché : celui-ci est <u>le refus en effet d'adhérer à la personne de Jésus</u>, autrement dit le refus de le reconnaître comme vrai Dieu et vrai homme, de reconnaître l'incarnation et par là même le projet de salut de Dieu **et tout l'Amour que cela suppose de la part de Dieu** (Jn 16, 9 : « ils ne croient pas en moi ! »). C'est pour cela que Paul nous dit, dans Rm 10 : « si tes lèvres confessent que Jésus est Seigneur, si tu crois dans ton cœur qu'il est ressuscité des morts, alors tu seras sauvé... », car c'est cela que nous demande Jésus en premier !

2)   Refus de la « justice » : <u>cette justice, c'est celle de Dieu, c'est-à-dire le pardon</u> ! (Mt 5,20). Or, ce pardon, il est obtenu pour nous par l'accomplissement de l'offrande sacrificielle de Jésus, renouvelée à chaque eucharistie. Le « monde » ne veut pas y participer. Mais à nous, l'Esprit nous

demande d'y <u>participer, en nous offrant nous-mêmes, à chaque fois, avec Jésus, au Père</u>. Le retour de Jésus au Père après l'accomplissement de son sacrifice atteste le pardon de Dieu pour tous les hommes qui entrent dans la miséricorde de Dieu par la foi qui fait d'eux des justes.

3) Condamnation de qui aura pris parti contre le Projet de Dieu, avec Satan, lequel est déjà jugé !

L'Esprit Saint nous demande d'adhérer à ce projet et de rejeter Satan.

L'Esprit Saint demande donc :

1) <u>de proclamer que Jésus, homme, est pleinement Dieu et qu'il est l'unique Sauveur.</u>

2) <u>de revêtir l'homme nouveau</u> (Eph 4, 24) en « n'attristant pas le Saint Esprit... » (Eph 4, 30) et ceci en conformant notre vie à ce qu'Il désire (cf Eph 4 et 5<u>). Autrement dit, de faire passer dans le concret de notre vie l'offrande de celle-ci au Père que nous faisons, avec Jésus, à chaque eucharistie.</u>

3) <u>d'accueillir le Projet de Dieu sur nous-mêmes et sur les autres et d'en devenir les témoins à la face de ce monde !</u>

Ce que veut l'Esprit Saint, c'est faire de nous des « justes » par la foi, c'est de mettre notre vie en accord avec notre foi. Et c'est à nous qu'il demande, **par le témoignage de cette foi et celui de nos « actes », de répandre la Bonne Nouvelle** dans ce monde afin de le transformer. (Jn 15, 26-27).

Tout ce qui est nécessaire pour correspondre au désir de l'Esprit Saint sur nous, nous sommes certains qu'Il nous le donnera. Ainsi, toutes les grâces dont nous avons besoin pour accomplir sa volonté !

Quant au reste de ce que nous pensons avoir besoin, dans notre faiblesse et pour remédier à nos insuffisances, cela nous sera donné « en plus », comme nous l'a promis Jésus. <u>Car, en demandant d'abord à l'Esprit Saint que se</u>

fasse en nous sa volonté, c'est la venue du Royaume de Dieu que nous recherchons !

COMMENT NOUS ADRESSER A L'ESPRIT SAINT ?

En premier, il convient de <u>l'adorer et donc de le louer</u> pour ce qu'Il est : Personne divine, Seigneur !
<u>Célébrer aussi l'Amour infini qui est en Lui et louer ce Plan d'Amour qui est sien puisqu'il est Plan de Dieu</u>. Cette louange doit être pour nous expression de notre émerveillement de notre joie et donc manifester cela. Pour autant, il ne faut pas devenir esclaves des décibels et confondre joie et tapage étourdissant !
Notre prière doit ensuite être <u>invitation à l'Esprit à venir en nous, en notre assemblée quand nous sommes réunis fraternellement.</u>

Mais quand on invite quelqu'un chez soi, on doit faire un effort d'accueil, faire aussi un brin de ménage pour un accueil vrai et non pas superficiel sur le pas de la porte. Il nous faut faire « le premier pas », même si nous savons que nous ne sommes pas encore en mesure d'offrir quelque chose de parfait, loin de là. <u>Notre « conversion », elle est un chemin, comme le « pardon », mais il faut nous mettre en route avant même de demander à l'Esprit Saint son aide pour la route</u> : il y a un choix de vie à faire, **le choix de suivre Jésus !** Ai-je fait vraiment ce choix ou ai-je ce qu'on appelle **une « double vie » : tantôt agissant selon Lui, tantôt contre Lui !**

Sur le plan du témoignage, est-ce que je me contente de demander, en tant que « soldat du Christ » <u>la « tenue de combat » sous forme d'une formation à la Parole, à l'évangélisation, mais en laissant cette tenue dans un placard ou bien est-ce que je m'en sers pour répandre la Bonne Nouvelle ?</u>

Notre collaboration au projet de Dieu sur chacun et sur tous, elle se fait progressivement, mais il doit y avoir le désir d'entrer pleinement dedans <u>en accueillant le « grand commandement »</u> : « tu aimeras…. » ! Est-ce que je le mets en pratique ?

Jésus nous a bien expliqué qu'il ne servait à rien de « rabâcher » : <u>ce n'est pas en répétant sans cesse « viens Esprit Saint » tout en laissant notre porte fermée qu'Il pourra venir en nous</u> !

N'oublions pas non plus de remercier l'Esprit Saint pour toutes les merveilles qu'Il fait dans nos vies, en nous, autour de nous !

QUELQUES REMARQUES SUR L'ESPRIT SAINT DANS LA BIBLE

La révélation aux hommes du mystère de la Trinité s'est faite progressivement. Il a fallu, pour cela, attendre, avec le « nouveau testament », la révélation formelle, faite par Jésus aux apôtres, de sa relation au Père et à l'Esprit Saint et l'annonce du « don » de celui-ci à l'Eglise avec les précisions sur le rôle qu'il y jouerait (Jn 16, 4, 15).

Pour autant, l'existence et le rôle de l'Esprit Saint sont perceptibles, non seulement dés le début des récits bibliques, mais dans ce qui a marqué l'évolution de l'humanité. Ainsi, on peut supposer une action de l'Esprit Saint, par exemple, dans ce que fut « l'illumination » du Boudha, six siècles avant le Christ.

Quoi qu'il en soit, il est clair pour nous, à la lumière de la Révélation, que l'Esprit Saint, Personne de l'éternelle Trinité, était déjà pleinement « partie prenante » à la création quand « le souffle de Dieu planait à la surface des eaux » (Gn 1, 2) ;

Les appellations variées sous lesquelles l'Esprit Saint est désigné dans le « premier testament » n'entraînent aucune confusion avec la Personne du Père ou celle du Fils, le Verbe de Dieu.

Dans le nouveau testament, L'Esprit saint est nommément désigné dés le premier chapitre de Matthieu (1, 20), puis au chapitre 3 verset 11. De même, dans Marc 1, au baptême de Jésus (verset 11), dans Luc, au chapitre 1, lors de la visitation et dans Jean 1, 32 (baptême de Jésus).

Cette « entrée » fracassante de l'Esprit Saint dés le début du « nouveau testament » ne doit pas cependant faire illusion sur les difficultés des premiers disciples à comprendre la Personne et l'action de l'Esprit Saint. Il a fallu attendre d'ailleurs jusqu'en 381 au concile de Constantinople pour que soit pleinement et clairement formulée la foi en l'Esprit Saint, Personne de la divine Trinité.

Par contre, l'action de l'Esprit Saint s'est manifestée de façons très diverses, depuis toujours. Mais à chaque fois c'est une action particulière qui est mise en valeur, soulignant ainsi l'immense diversité des actions de l'Esprit.

Ainsi, à la Pentecôte, c'est la force du témoignage qui a surtout été donnée aux premiers bénéficiaires, les apôtres, mais c'est le discernement et l'intelligence des écritures qui ont été donnés aux spectateurs de l'événement !

Ce qui est important, c'est l'affirmation que l'Esprit Saint est à l'œuvre de toute éternité, en la Trinité et dans la création !

CHAPITRE 6

INFESTATION MALIGNE

Dans le Tome 1 (chap 12) et dans le présent tome (chap 3), nous avons vu le Mal tentant de détruire, dans la création, l'œuvre de Dieu. Pour cela, il utilise la liberté de l'homme en la détournant de son but réel qui est l'amour! Cette action destructrice du Mal, c'est l' INFESTATION MALIGNE!

QUESTION : Comment l'homme peut-il être infesté par le Mal ?
Et d'abord, quels sont les agents du Mal?

Parmi les créatures de Dieu, certaines sont de <u>purs esprits, les anges</u>, qui ont définitivement :
- soit choisi l'Amour. Ce sont **les "bons anges",** qui emploient toutes leurs capacités pour le bien, au service de Dieu, c'est à dire de l'amour.
– soit rejeté l'Amour et choisi, au contraire, le Mal. Entre autres possibilités, ces mauvais anges ou démons ont celle de se faire passer pour ce qu'ils ne sont pas, en se présentant, par exemple comme "ange de lumière", ou bien, en se présentant comme telle ou telle personne décédée dont ils empruntent la voix....

Cette présence du Mal (anti-amour) dans l'univers et la capacité de faire le mal, qui la caractérise, rejoint ce qu'on nomme : **le mystère d'iniquité**. Cependant, cette influence du Mal n'aura qu'un temps et la victoire, sur lui, de l'Amour, sera totale et définitive lorsqu'à la fin des temps le Christ remettra toutes choses, toutes créatures, à son Père, dans les cieux nouveaux et la terre nouvelle.

Les humains

Du fait de leur liberté, ils ont la possibilité de faire du mal et aussi celle d'adhérer au Mal et devenir ainsi d'efficaces agents du Mal.

Après leur mort, s'ils ont, au contraire, choisi l'Amour, ils entreront dans le Royaume, après, si nécessaire, une certaine purification appelée couramment "purgatoire" (Mt5, 25-26), (Mt 18, 34-35). De toutes façons, après la mort, les esprits des hommes décédés dans l'amour ne veulent que le Bien et sont incapables de nuire aux humains!

Dans la "communion des saints", les "esprits" des trépassés sont proches de nous, en particulier au cours de l'eucharistie. Ils intercèdent efficacement pour nous et nous pour eux.

Pour ce qui est des "esprits" des trépassés ayant choisi le Mal, leur pouvoir, encore plus limité que celui des mauvais anges, se heurte à la toute-puissance de Dieu qui nous protége. Il ne peuvent pas arrêter le salut de l'humanité acquis par le sacrifice rédempteur du Christ. **Dieu ne nous abandonnera jamais** : nous sommes dans"la main du Père" et "nul n'a le pouvoir d'arracher quiconque de la main du Père" (Jn10, 28-29).

COMMENT SURVIENT L'INFESTATION MALIGNE

Tant que nous ne quittons pas "la main de Dieu", nous sommes chacun à l'abri, comme dans une maison bien fermée ne permettant pas aux agents du Mal de pénétrer.

Lors de son baptême, le chrétien fait un choix formel pour Dieu, **pour l'Amour et il rejette le Mal et tout ce qui conduit au Mal. Il est alors efficacement "libéré"par ce sacrement de l'emprise du Mal.** Dieu le protége, le garde "dans sa main".

Bien entendu, si le baptême de cet enfant a eu lieu avant l'âge de "raison", il sera indispensable que le choix effectué en son nom par ceuxqui l'ont présenté et se sont portés garants de son éducation chrétienne, soit confirmé ultérieurement, par le baptisé lui-même, au cours **d'une adhésion formelle.**
En attendant, Dieu le protége quand même efficacement. C'est pourquoi l'Eglise catholique préconise le baptême des petits enfants, mais demande cette confirmation d'adhésion formelle.

Les puissances du mal ont donc été cantonnées **à l'extérieur** de notre "maison". Et, comme le dit Pierre, Satan tourne autour, cherchant à dévorer. Il cherche à **nous faire peur** pour entamer notre confiance en Dieu. Tous les moyens sont bons pour susciter **la peur** : par exemple lorsqu'un démon se fait passer pour l'esprit d'un mort, simule sa voix, fait croire à une vengeance du mort. Dés lors, c'est la panique, la colère.... et peut-être la haine vis à vis du mort, si l'on succombe à la tentation de se venger!
Tant que l'adversaire reste à l'extérieur, toutes ces manœuvres démoniaques relèvent de ce qu'on appelle :

L'OPPRESSION

C'est ce que subissait, par exemple, le saint curé d'Ars lorsque Satan mettait le feu à sa paillasse et déplaçait toute la nuit les meubles de sa chambre .Cela lui restait extérieur, car il résistait à la tentation de la peur et n'avait pas de points faibles dans les murs de sa "maison". Par contre, si l'adversaire pénètre à l'intérieur, il va en résulter l'obsession.

L'OBSESSION

Les puissances du Mal, dans ce cas, pénètrent et font des dégâts à l'intérieur : - par des points de moindre résistance.
 - par la porte si nous ouvrons.
-        **Les points de moindre résistance** , nos"points faibles".
 Les uns sont des **anomalies de notre "construction"**.Dans cette maison, héritée de nos parents, qu'est notre personnalité avant nos apports personnels, il y a déjà ce que nous ont transmis nos ascendants: du bon et du mauvais. Ainsi, par exemple, des habitudes de violence (agressions, suicides etc...).Ou bien l'alcoolisme. les jeux, l'adultère, les drogues, à chaque génération.

Devant ce genre de fragilités héritées d'un certain contexte familial et souvent renforcées par une éducation défectueuse allant dans le même sens, deux attitudes sont possibles :
- **la démission** :"puisque dans ma famille on est tous comme cela, je n'y puis rien. **C'est la faute de** mes parents, de mes ancêtres!". Je vais même, éventuellement conclure qu'il s'agit de "liens" relevant de l'infestation maligne chez mes ascendants, ce qui est vrai dans un certain sens. Mais il ne faudrait pas, alors, me contenter de demander une prière "de délivrance", sans m'impliquer dans un effort quelconque de **réparation de mes points faibles**. Ce serait démissionner et voir le problème de façon "magique".
- **La restauration** de ces zones de fragilité, dont je ne suis pas, directement responsable, mais que j'ai le devoir de repérer, examiner et réparer! Pour cela, bien entendu, il est nécessaire que je me fasse aider (sur le plan psycho spirituel). Cette réparation n'exclue nullement le recours à la prière en demandant la guérison des blessures reçues du fait des connivences possibles des ascendants avec le Mal. Mais il n'est pas question de "chasser

un démon familial de la violence, de la luxure, de l'alcoolisme ".... C'est du Mal que nous demandons à Dieu de nous délivrer, comme le précise le "Notre Père".

Du même ordre que ces fragilisations héritées de nos ascendants sont celles qui nous viennent du **milieu ambiant, de la société et du monde** dans lequel nous vivons. Dans ce cas, en effet, nous ne sommes pas directement responsables, il est vrai, de ces fragilisations, mais nous pouvons les tolérer, les négliger ou bien entrer en **connivence** avec elles. Nous pouvons aussi les réparer, en luttant à contre-courant contre ces défauts dangereux de notre milieu de vie, contre ces**" péchés de structure**" (Tome 1 chap 7).

Les autres fragilisations **surviennent ultérieurement**, consécutives **à nos propres négligences** ou **imprudences**.

Ces fragilisations qui vont donner prise à l'ennemi, sont duse, en fait, à un **certain éloignement par rapport à Dieu.** Ce sont:
- **Les convoitises :** envie de tout ce qui, croyons-nous, peut nous apporter le bonheur en satisfaisant des **désirs détournés de l'amour** - désir effréné de nourriture.
- désir sexuel exacerbé et détourné de son but qui est l'amour, déviations et perversions sexuelles.
- désir excessif de l'argent, recherché pour lui-même ou pour la puissance qu'il confère.
- désir de connaître ce qui ne nous regarde pas.
- désir du pouvoir, sous toutes ses formes.

Ces désirs dangereux entraînent, si nous leur cédons, des
habitudes malsaines : avidité, adultère, sévices sexuels,
pornographie, avarice, voyeurisme, paresse ou au contraire culte exagéré du travail, qui sont cause de fragilisation!

- **Le désir de** dépasser notre condition humaine et ses limites, pour "décoller" du réel en se réfugiant dans un autre monde. D'où la pratique, dans ce but de **certaines techniques de maîtrise** de soi visant insidieusement à **la maîtrise des autres**.

Ou encore, la pratique de techniques visant à capter des "énergies" mal connues, dans le but d'exercer un "pouvoir" sur les personnes (magnétisme pratiqué dans ce sens, occultisme, spiritisme).

- **La pratique de la magie,** qui prétend obliger Dieu (ou d'autres "pouvoirs"), à agir dans le sens que l'on désire.

Même si, dans le cas de la **magie blanche**, l'intention était neutre, ou même bonne, on s'écarte alors de la "main de Dieu". A plus forte raison dans la **"magie noire"**, où il y a connivence avec les démons.

- **La recherche de paradis fictifs dans des dépendances**, telles qu' alcool, "jeux", drogues, douces ou dures.

Enfin, une cause certaine de fragilisation est aussi **l'aliénation,**

qui est l'acceptation de perdre toute dignité et personnalité dans le but d'obtenir l'amour qu'on nous refuse! C'est le cas, dans certains couples, quand l'un des deux, accepte que l'autre fasse de lui ou d'elle un véritable paillasson.

AUTRES FACTEURS FAVORISANT L'OBSESSION

Jusqu'ici, la pénétration des puissances du Mal provenait de ces "points faibles", soit "hérités" de nos ascendants, soit provoqués par nos mauvais désirs. **C'est l'absence de" réparation"** au niveau de ces points faibles qui permet au démon de pénétrer. Mais il existe d'autres causes de fragilisation qui, elles, ne dépendent ni de l'héritage de nos parents ni de désirs mauvais de notre part : ce sont les agressions.

Les agressions

C'est tout ce qui est susceptible de nous **blesser**, à tous les niveaux de notre être : corps, âme psychique, âme spirituelle. esprit. Leur effet dépend de leur intensité et de leur répétition.

Cela va depuis les mauvais traitements, parfois subis depuis l'enfance, aux scènes de violence extrême, en passant par les agressions sexuelles, les viols, la prostitution imposée etc.

Mais là encore, **c'est le choix que nous faisons de notre réaction à ces agressions** qui va décider de leur répercussion. Si nous réagissons par la **haine, la vengeance**, nous invitons, en quelque sorte l'adversaire à entrer chez nous et à prendre le contrôle de nos facultés corporelles et psychiques. Par contre, si nous ouvrons notre coeur au désir de pardonner, nous affermissons les défenses de notre "maison" et nous réparons les dégâts qui risquaient de nous fragiliser. Ainsi, un même type d'agression, un viol par exemple, peut entraîner :

- dans certains cas une haine destructrice
- dans d'autres, comme nous l'atteste l'histoire Maria Goretti, un pardon source de grâces.

C'est notre façon de comprendre la "justice" qui est ici en cause. Jésus nous l'explique dans Mt 5, 20, en opposant **la justice des hommes** (œil pour œil, dent pour dent!), qui aboutit à l'agressivité et à la haine, et la justice de Dieu, qui, elle, procède de l'amour et aboutit **au pardon**. Seul ce dernier est capable de réparer les dégâts provenant d'une agression.

LES DEGATS REALISES PAR L'OBSESSION

Dégâts corporels : ce sont surtout des troubles de fonctionnement des organes, sans maladie détectable. Ce que ressent la personne (les symptômes), est variable : douleurs, nausées, vomissements, vertiges, sensation de striction, de boule dans l'oesophage, tête vide ou douloureuse, palpitations, mais le plus souvent, il n'y a pas d'anomalie objective à l'examen. C'est ce caractère "inclassable"du tableau qui fait dire à la personne que "les docteurs ne comprennent pas sa maladie" et aux médecins que, par conséquent, la médecine n'y peut rien, ce qui est le cas!

Dégâts psychiques : atteinte de l'humeur, avec agressivité ou, au contraire apathie, fatigue excessive, sautes d'humeur, irritabilité, colères irrésistibles, violence etc..

La personne ne se reconnaît plus et l'entourage est frappé par son changement. Elle devient insupportable ou renfermée, dépressive. Son imagination est en surchauffe. Elle voit et entend, ou bien perçoit sur son corps des anomalies non identifiables qui font peur.

Il peut y avoir aussi des **obsessions**, visuelles, auditives, qui s'imposent et épuisent. Certaines circonstances exagèrent ces troubles, comme l'intervention de tout ce qui a rapport à Dieu, à la prière, aux sacrement et qui entraînent des malaises ou des manifestations spectaculaires par leur violence.

Il n'est pas toujours facile de **distinguer tout cela des crises hystériques** ou des manifestations accompagnant certains troubles psychiatriques avérés ou même de ce qui peut se voir dans la toute autre "purification passive des sens".

Un discernement attentif est donc nécessaire, tant sur le plan psychique que spirituel ....et médical!

LA POSSESSION

Dans l'obsession il y avait parfois négligences et connivences.

Dans la possession, c'est au contraire **un choix formel pour le mal** qui ouvre la porte toute grande aux puissances du mal !

Le plus souvent, c'est par haine ou par orgueil, que la personne a choisi, pour arriver à ses fins, de faire un pacte avec Satan, lequel ne fait rien gratuitement et se fait "payer" tôt ou tard.

Il prend possession de la personne : non seulement le corps, auquel il fait exécuter ce qu'il désire, pour avilir la personne possédée, agresser celles qui sont autour, mais aussi l'âme et l'esprit. Désormais, c'est Satan et ses comparses qui commandent et la volonté de la personne possédée ne peut s'y opposer, même si, s'apercevant de son erreur, elle veut revenir en arrière! Cela ne veut pas dire qu'à la fine pointe de son "esprit", là ou Dieu reste présent (au grand dam des puissances du mal), la personne ne puisse revenir sur son choix et se tourner vers Dieu. Mais cela, **elle ne peut le manifester extérieurement**. Il faudra une intervention divine, directe ou indirecte, pour retourner la situation.

LES MANIFESTATIONS DE LA POSSESSION

On retrouve, mais encore pires, les manifestations de l'obsession. De plus, trois sortes de manifestations sont typiques de la possession :

- Le décuplement des forces physiques. Elles peuvent atteindre un degré ahurissant, toujours orientées vers la violence.
- Le parler en langues inconnues. Ceci est à bien distinguer du "parler en langue", charisme manifesté dans une toute autre ambiance (de louange de l'Esprit, de sérénité).

- La révélation de faits cachés, du passé ou du présent, orientée le plus souvent dans un sens scandaleux ! Il faut savoir que toute révélation du futur, dans le cas de possession ne peut qu'être duperie, car l'avenir appartient à Dieu seul.

Un discernement attentif est toujours nécessaire pour distinguer s'il s'agit bien d'une infestation maligne et si celle-ci est de l'ordre de la possession. Il faut écarter ce qui relève de la psychiatrie, en sachant bien qu'une coexistence est possible de troubles psychiatriques nets et d'infestation maligne non moins réelle. Le "malin" peut chercher à nous tromper en faisant croire à une possession, à moins que ce ne soit la personne elle-même qui simule. Ainsi, lorsqu'une personne se présente comme étant habitée par "l'esprit d'un mort", avec changement subit d'intonation de la voix de cette personne évoquant celle du mort.
Enfin, il faut bien savoir qu'une personne qui a été réellement "possédée" et exorcisée avec succès, garde des séquelles, sur le plan psycho spirituel et même corporel, nécessitant une prise en charge prolongée.

COMMENT LUTTER CONTRE L'INFESTATION MALIGNE

Il faut allier la **prudence à l'audace**. Il est nécessaire d'intervenir, mais à bon escient ! Il y a, en effet, des dangers éventuels :
- Pour ceux qui ne sont pas réellement atteints par le Mal et qui demandent une délivrance qui n'est pas de cet ordre!
- Pour ceux qui ont des troubles psychiatriques et risquent alors une poussée ou une complication de ceux-ci par un traitement inadéquat ou une indication mal posée.

- Pour ceux que la conviction d'être victimes du Mal pousse à se déresponsabiliser. Ils déclarent que, puisque c'est le démon qui est responsable, ils n'y sont pour rien et n'ont aucun effort à faire.
- Pour l'entourage, qu'une d'une trop grande "publicité" autour de ce cas peut menacer de "contagion" avec survenue de faux cas d'infestation maligne chez des personnes voulant se faire remarquer. C'est dire qu'il faut éviter de donner trop d'importance au démon en le voyant partout…. où il n'est pas!
- **Pour ceux qui participent au "traitement"** :
Risque très réel de "contamination", par imprudence, si on ne respecte pas les règles du traitement. On peut voir alors l'imprudent devenir la proie du démon et l'hôte involontaire de celui qu'il voulait chasser d'autrui.

LES PRINCIPES DU TRAITEMENT

Le premier principe

Ce traitement est indispensable. Jésus lui-même y a consacré tous ses soins auprès des foules qui venaient à lui et en donnant à ses disciples le pouvoir de chasser les démons.

Le second principe

C'est qu'il vaut mieux prévenir que guérir. **La fidélité à la Parole de Dieu, les sacrements, la vie dans l'Esprit, l'unité entre les chrétiens, la prière, le sacrement de réconciliation…….**sont de bons moyens d'écarter l'influence du Mal. Avant même de mettre en oeuvre les moyens de traitement spécifiques de l'infestation maligne, il faut déjà utiliser pleinement ces moyens.

Le troisième principe, c'est d'établir un diagnostic sérieux. Faute de respecter ce principe, on risque de faire n'importe quoi, n'importe comment ! Enfin, la règle d'or est la **pratique de l'humilité par tous ceux qui interviennent, antidote souverain contre le Mal !**

<u>Traitement de l'oppression et de l'obsession</u>

Le traitement est d'abord **préventif, en utilisant les moyens de sanctification évoqués plus haut.** Ce sont les recommandations propres au "**combat spirituel**" qui sont ici de mise et que Saint Paul décrit très bien (Eph 6,10-19). Il s'agit pour nous de rester fermement dans la main du Père, par la confiance née d'une vie d'intimité avec le Christ. Le Mal, lui, fait tout pour **nous mettre dans la peur. Il espère changer nos épreuves en méfiance à l'égard de Dieu** Nous sommes alors tentés d'aller chercher hors de la main du Père une protection et un bonheur, illusoires puisque nous ne sommes plus protégés, mais au contraire sous l'emprise de plus en plus forte du Mal. Il faut nous tourner vers Dieu dans le repentir et la confiance pour réintégrer la "main du Père".

La prière à pratiquer doit être de **supplication, de demande de guérison et de délivrance par rapport au Mal,** avec intercession de la part des "frères en Christ" et complétée par le sacrement de réconciliation. En parallèle, l'usage des "sacramentaux" tels que l'eau bénite, rappelant les grâces du baptême, ne sont nullement à négliger, mais dans une juste mesure et sans exagération à caractère magique.

Les cas de possession, par contre, nécessitent une prière d'autorité

C'est ce qu'on appelle **l'exorcisme**. Il s'agit, **au nom de Jésus et par la puissance de son autorité, de chasser les puissances du Mal hors de la personne!** C'est Dieu qui agit dans ce cas, même quand ce sont les disciples qui "chassent les démons".
La pratique de l'exorcisme relève de l'évêque, qui bénéficie de la succession apostolique pour l'exercer, ou qui peut déléguer à un tiers. **L'exorcisme** comporte un avant, un pendant et un après.

Avant : c'est l'établissement du diagnostic de possession, pas toujours facile! C'est parfois la suite qui dira ce qu'il en est!

Pendant : l'exorciste opère **selon un rituel bien établi**, sans publicité, car il ne s'agit pas d'un spectacle! Juste ce qui est nécessaire comme auxiliaires, capables d'intervenir en cas d'agitation démoniaque, parfois inimaginable !

Après : il faudra tout un travail de restructuration de la personne et de restauration au niveau de ses fragilités dans un patient travail d'accompagnement psycho spirituel.

Problème de la résistance au traitement de l'infestation maligne

S'il s'agissait d'oppression, il faut renforcer les moyens de lutte préventive.
S'il s'agissait d'obsession, il faut s'assurer de la détermination de
l'intéressé à liquider les causes de ses fragilisations. Très souvent, les personnes qui demandent sans cesse "la prière des frères" pour leur soulagement ne sont pas encore décidées, en réalité, à prendre vraiment les moyens nécessaires. Dans ce cas, il faut "jouer cartes sur table" avec elles, fraternellement et fermement!

S'il s'agit de résistance d'une possession à des exorcismes raisonnablement répétés, c'est le problème de la persistance d'une source manifeste d'infestation qui se pose, ou celui d'un autre diagnostic....

Nous voyons combien il est nécessaire de mettre Satan et ses comparses à leur juste place : bien présents, mais déjà vaincus par le sacrifice de la passion, de la mort et de la résurrection de Jésus notre Seigneur et Sauveur.

CHAPITRE 7

EUCHARISTIE

En tant que sacrement, l'eucharistie est un instrument de la grâce de Dieu, offert aux hommes, par l'intermédiaire de l'Eglise, en vue du salut.
La nécessité de l'eucharistie découle de la nécessité du salut!

QUESTION : Pourquoi le salut est-t-il nécessaire?

Dieu a créé l'humanité pour lui faire partager le bonheur en plénitude dont il jouit dans sa propre vie d'amour éternel, infini !
Pour que chaque homme puisse accéder à l'amour, Dieu nous a créés **libres**, car la liberté est la condition absolue de l'amour !

En faisant cela, en nous faisant confiance, Dieu a pris un risque énorme : celui de notre refus d'aimer, **d'accepter une dépendance par rapport à l'amour. Et c'est ce qui est arrivé** ! L'humanité a voulu faire son bonheur à sa manière, dans le refus de l'amour et donc de Dieu. Et elle persiste encore, plus ou moins, dans cette attitude de rejet de l'amour, provoquant son malheur, dont elle rend Dieu responsable, évidemment !

Mais Dieu ne s'est pas contenté de ce constat d'échec. Il a inventé une solution de rechange en décidant de **sauver l'humanité**.

C'est la rédemption par le salut!

QUESTION : Nécessité du salut… oui, mais à quelles conditions?

Le rejet du Plan de Dieu, ayant blessé solidairement toute l'humanité, il fallait que le Sauveur soit pleinement solidaire de cette humanité, donc **pleinement homme**. Mais il fallait que ce sauveur ait un amour qui soit à la dimension de celui de Dieu, avec la puissance de celui de Dieu, donc **pleinement Dieu**! Seul Jésus, le Christ, Fils du Père et vrai Dieu, en prenant pleinement la condition humaine, a pu satisfaire ces exigences. C'est pourquoi **il est le seul Sauveur** !

L'incarnation devait donc précéder la rédemption. Jésus a accepté librement, par amour, de prendre sur lui tous nos refus d'amour, c'est-à-dire nos péchés. Il a offert, pour cela, sa passion et sa mort, provoquées par les forces du mal. Grâce à lui, chacun de nous se voit offrir le salut ! Ainsi, grâce au sacrifice du Christ et par le salut, le Royaume est devenu accessible aux hommes de toutes les générations.

QUESTION : Comment se place et se déroule, historiquement, le sacrifice du Christ ?

Dans tout « sacrifice », il y a plusieurs étapes :
- la présentation de ce que l'on veut offrir et le pourquoi
- l'offrande proprement dite qui est engagement formel à donner, sur lequel on ne peut revenir.
- la réalisation concrète du don.

Pour **le sacrifice de la nouvelle alliance en son sang, le sacrifice du salut, Jésus**, lors de la "dernière cène" a bien précisé qu'il **présentait et offrait, pour le salut** du monde, le pain transformé en son corps et le vin transformé en son sang. Dans le déroulement de ce sacrifice, c'était **l'étape de présentation et celle de l'offrande**.

C'est dans la nuit de son agonie et le lendemain jusqu'à sa mort sur la croix qu'il a concrètement réalisé la partie **"accomplissement"** de son sacrifice, « une fois pour toutes » (1 Cor 11, 26) .
Comme l'écrit Paul, à chaque eucharistie, il y a **offrande de sa vie, par Jésus, dans un continuel présent**....jusqu'à ce qu'il revienne
(1 Cor 11, 26) !

L'accomplissement de son sacrifice, lui, a déjà eu lieu, comme on vient de le voir, et a été conclu par les paroles finales de Jésus sur la croix: "tout est accompli"!
Pour bien comprendre ces phases successives du déroulement du sacrifice, on peut les comparer aux phases de la passation d'un contrat chez le notaire :
- on commence par la présentation de ce qui fait l'objet du contrat. C'est la lecture de l'acte, la présentation!
- puis on s'engage à accomplir le contrat par la signature, après laquelle **on ne pourra plus reculer** : c'est l'offrande!
- on s'acquitte du montant du contrat en versant au notaire ce qui a été convenu : c'est l'accomplissement, la réalisation concrète!

QUESTION : Faut-il considérer les eucharisties célébrées depuis le jeudi-saint comme "mémorial" ou "souvenir", et quelle est la différence ?

Le souvenir appartient au passé, le mémorial est toujours présent. Un monument aux morts, par exemple, nous fait souvenir de l'événement qu'ont été les guerres, mais ne nous fait pas participer à celles-ci. Par contre, **le mémorial, lui, commencé dans le passé, se continue, même si nous le vivons de façon discontinue.** Pour le comprendre, on peut utiliser l'image d'un très grand bâtiment comportant une seule immense pièce et de nombreuses fenêtres en façade.

Si on longe la façade au dehors, alors qu'une vive lumière illumine l'intérieur de toute la pièce, on est éclairé quand on passe devant chaque fenêtre et dans l'ombre entre chacune de celles-ci. Nous avons l'impression de lumières discontinues alors que c'est la même lumière qui nous éclaire.

Il en est de même pour l'eucharistie où nous vivons **l'offrande continue** du Christ alors même que les eucharisties sont discontinues. Cela n'est possible que parce que le Christ y est présent réellement pour assurer cette offrande, **comme la lumière toujours présente** dans la salle décrite plus haut

C'est en raison de tout cela que **l'eucharistie est un mémorial et non un souvenir**.

QUESTION : Dieu nous demande-t-il **une participation** et laquelle, dans le cadre de la rédemption (le salut du monde) et donc dans l'eucharistie?

La "chute" de l'homme ayant compromis le Plan de Dieu, il fallait réaliser la Rédemption, pour rétablir ce Plan. Pour cela, Dieu a donné son Fils en vue du salut, dans un acte d'amour incommensurable. Or, dans l'amour il y a ce double mouvement du Don et de l'Accueil et des deux côtés! **Dans la Rédemption, l'homme accueille le "Don de Dieu" (Jn 4, 10) et Dieu lui demande sa "participation". C'est bien ce qui se passe à l'eucharistie**, d'où sa place si importante dans l'histoire du salut!

C'est au cours de la dernière cène que Jésus va révéler ce véritable mystère de la **"participation"** demandée aux hommes. Et c'est par le lavement des pieds.

Jésus dit catégoriquement à Pierre l'objectif de ce **lavement des pieds** qui est "**d'avoir part avec Jésus**"(Jn 13, 8) : " Si je ne te lave pas les pieds, tu ne pourras pas avoir part avec moi!"). Ce qui est en cause, c'est ce que lui-même, Jésus, va faire, à savoir l'**offrand**e de lui-même, de sa vie pour le salut du monde. **C'est bien à cela qu'il s'agit de participer.** Certes, comme Jésus va l'expliquer à ses apôtres, ceux-ci ne peuvent comprendre à ce moment là le lien entre son geste du lavement des pieds et l'offrande à laquelle il veut les associer, geste qui en est le préalable indispensable (Jn 13, 12).

C'est après la résurrection et la venue de l'Esprit Saint sur les apôtres qu'ils comprendront pleinement tout cela.

La "**participation**" à laquelle Jésus nous invite de façon impérative, comme il l'a fait à Pierre et ses compagnons, comporte deux volets :
-1) **la participation immédiate des apôtres**, avec la pose, par Jésus, des conditions dans lesquelles elle doit s'opérer de leur part, à savoir, l'amour fraternel, l'unité et l'humilité (d'où le lavement des pieds).
-2) **la participation de toutes les générations, à venir**, résultant du commandement : " faites ceci en mémoire de moi!" (Lc 22, 19) et concernant tous les hommes jusqu'à la parousie.
Mais c'est la même "participation" qui a été demandée aux apôtres le jeudi-saint et ensuite, ainsi qu'à nous maintenant, **au cours des eucharisties ultérieures.**

Il y a eu un "**avant**" à l'accomplissement du sacrifice du Christ sur la croix. Cet avant consistait en l'**offrande** au Père faite lors de la dernière Cène, avec participation des apôtres. De même **il y a un après l'accomplissement,** avec le vécu effectif de **l'offrande** sacrificielle du Christ **lors de toutes les eucharisties célébrées par les générations successives de fidèles.** Au cours de celles-ci, Jésus est réellement présent afin de pouvoir s'offrir pour le salut du monde et solliciter la participation des disciples, présents, comme lui, "en la totalité de leur personne". Les deux "parties" intéressées dans le mystère du salut doivent en effet être **réellement présentes**, comme dans la passation de tout "contrat". Ces deux parties sont Dieu, d'une part et tous les hommes, appelés par Lui, d'autre part, présents **en leur temps, de génération en génération!**

Lors de la dernière Cène, Jésus a fait une double promesse:

- celle d'assurer le salut par la croix, le lendemain et "une fois pour toutes", tout en associant les apôtres à l'**offrande** sacrificielle de sa vie au Père.

-celle de permettre à toutes les générations, par le "faites ceci en mémoire de moi" (Lc 22, 19), de participer à l'**offrande** sacrificielle qu'il revivrait lors des eucharisties, avec ces générations successives, **jusqu'à son retour**

QUESTION: Comment les hommes des générations successives peuvent-ils participer effectivement à cette offrande sacrificielle du Christ?

Concrètement, pour nous et tous ceux qui n'étaient pas avec Jésus lors de la dernière Cène, la participation va devenir possible **grâce à la permanence de l'offrande sacrificielle du Christ à travers tous les siècles.**

Dieu est maître du temps, de la matière, de l'espace. C'est pourquoi il peut être présent réellement :

- dans des temps successifs, en continu,
- dans plusieurs endroits à la fois,
- sous l'apparence du pain et du vin, lors de l'eucharistie.

Nous, par contre, qui n'avons pas ces pouvoirs, nous allons « participer » à l'offrande sacrificielle du Christ pour le salut », lors des eucharisties :

- en les temps successifs que nous vivons, de temps en temps
- en un endroit déterminé, à chaque fois, là où elle est célébrée
- et avec notre personne toute entière, en « chair et en os ».

Si Jésus avait voulu offrir son sacrifice de salut au Père sans y faire participer les hommes des générations futures**, il n'aurait pas commandé à ses apôtres de « faire cela » en mémoire de lui** jusqu'à ce qu'il revienne (1 Cor 11, 24-26).

COMMENT "PARTICIPER" LORS DE L'EUCHARISTIE / OFFRANDE DU CHRIST

C'est en respectant un bon déroulement de l'eucharistie établi en Eglise! Quelles sont les grandes lignes de ce déroulement?

1) Rassemblement du peuple chrétien : qui est-il ? qui le convoque ? quand ? Le peuple chrétien, c'est l'ensemble des baptisés, invité par ses pasteurs au nom du Christ, principalement le dimanche, jour anniversaire de la résurrection.
Unité et humilité sont indispensables pour souder cette assemblée. Lors de la dernière Cène, Jésus a montré l'importance de l'humilité par le lavement des pieds des disciples. Mais il a insisté sur l'indispensable unité entre eux (Jn 17). Ceci au point que, avant l'eucharistie, si quelqu'un a quelque chose contre moi, je dois d'abord, laissant mon offrande devant l'autel, aller me réconcilier avec mon frère. Or, avouons-le, il est rare de voir le devant de l'autel encombré d'offrandes en attente ! Cela est peut-être le signe que nous ne prenons pas suffisamment au sérieux l'exigence d'unité manifestée par Jésus. La réconciliation avec Dieu et avec nos frères est indispensable, d'où l'invitation à la démarche citée ci-dessus concrétisée **par le rite pénitentiel.**
C'est ensuite la louange du Seigneur qui s'exprime par **le Gloire à Dieu**.
Puis, **la prière** d'introduction donne le ton du temps liturgique.
2) La table de la Parole nous offre successivement :
      La première lecture, généralement en relation avec l'évangile

Le psaume

La deuxième lecture, qui est en continuité avec celle du dimanche précédent ou du suivant.

L'évangile, acclamé puis proclamé.

Ce banquet de la Parole est un tout, dont on ne peut retirer un élément sans raison valable. Ce qui va faire le lien entre ces différents éléments, c'est l'homélie, qui doit nous aider à nous nourrir de cette Parole.

Dieu, en effet, ne veut pas que sa Parole lui revienne sans avoir produit l'effet qu'il en attend ! (Isaïe)

Est-ce que, lorsque la Parole de Dieu nous est offerte lors de l'eucharistie, nous nous laissons transformer par elle? Ou est-ce que nous faisons résistance, par indifférence, critique systématique ou désabusée ?

Si je participe vraiment au banquet de la Parole, c'est que ma conversion est en bonne voie, quel que soit le point où je suis rendu, même si les circonstances ne me permettent pas de communier ensuite. Je dois savoir que Jésus a promis sa présence à ceux qui garderaient sa Parole ! Et, de plus, je pourrai « rayonner » cette Parole autour de moi, pour le plus grand bénéfice de ceux que je côtoie !

3) - <u>La proclamation de la foi</u> : elle est faite par l'ensemble des chrétiens. La foi est indispensable pour une participation à l'offrande du Christ.

4) - La <u>prière universelle</u> exprime notre dépendance par rapport à Dieu à travers les besoins de toute l'humanité qui lui sont présentés, en vue du salut. Elle est donc en relation étroite avec ce qui va ensuite se passer.

5)- <u>L'offertoire</u> : il correspond à la présentation de ce qui va être offert à Dieu. Avec le pain et le vin, c'est symboliquement tout ce que peut apporter l'humanité qui est présenté **et la goutte d'eau ajoutée au vin souligne cette participation que Dieu attend des hommes.** Mais ce qui nous est demandé également, c'est d'exprimer notre confiance totale à ce Père qui donne son Fils pour le salut de l'humanité ! Comment, en effet, ne pas faire confiance à Celui qui nous donne « tout ». Jésus nous l'a dit : « si tu connaissais le don de Dieu ! » (Jn 4, 10). C'est cette confiance qui va nous amener à nous offrir nous-mêmes au Seigneur.

<u>6)- La prière eucharistique, après la louange de la Préface et du Sanctus, amène à la consécration.</u> L'intervention du Saint-Esprit y est demandée par le prêtre au cours de la première "épiclèse"(invocation à l'Esprit Saint), pour la **transformation du pain et du vin en corps et sang du Christ, qui devient alors pleinement présent sur l'autel** lorsque sont prononcées les paroles mêmes du Christ.

Il y a deux attitudes possibles, face à la Parole de Dieu concernant la "présence réelle"affirmée par les évangiles synoptiques
(Mathieu, Marc, Luc) :
Soit le refus de croire la Parole de Dieu dans son sens littéral, au nom de la capacité de chacun d'interpréter la Parole selon sa "conscience individuelle". Mais, dans ce cas, il y a alors impossibilité pour le Christ, puisqu'il n'est pas réellement présent, de s'offrir au Père. L'eucharistie perd alors son sens principal d'offrande du Christ (et de nous avec lui), en vue du salut du monde. L'eucharistie devient un simple repas fraternel!
Soit la foi dans la parole littérale du Christ affirmant sa présence. Cette présence est la condition indispensable pour **l'offrande**, elle-même nécessaire au salut. L'offrande, comme on l'a vu plus haut, était le préalable indispensable, lors de la dernière cène, pour donner son sens au sacrifice du Christ accompli le lendemain. Ce dernier ayant été accompli une fois pour

toutes, il restait la nécessité de la répétition de l'offrande jusqu'à la fin du monde, **afin d'y associer toutes les générations**. C'est ce que réalise l'eucharistie quand elle comporte son véritable sens d'offrande du Christ, **présent**, à son Père!

Jésus nous demande cette « participation » à son offrande, lors de l'eucharistie, de la même façon qu'il demandait assistance auprès des trois apôtres qui l'accompagnaient à Gethsémani.

Si nous refusons notre participation à l'eucharistie, alors il manquera quelque chose à l'offrande du Christ pour le salut ainsi qu'à la réalisation totale du plan de Dieu.

Si, au contraire, nous vivons l'eucharistie en participant pleinement à l'offrande du Christ à ce moment précis, alors le Royaume est « déjà là » !

A cette offrande du Christ à son Père, nous associons celle de nous-mêmes et de notre vie par "l'amen" prononcé avec force à la suite des paroles du prêtre : « par Lui, avec Lui et en Lui…. ».

Auparavant, il y a eu la deuxième épiclèse, demandant que nous formions un seul corps. Dans ce corps sont compris les bienheureux du Royaume et les défunts en cours de « purification ».

7)- La communion

Elle est la conséquence logique de notre participation à l'offrande sacrificielle du Christ. Cette communion nous permet de le recevoir en nous et d'avoir ainsi, davantage, la capacité de concrétiser dans notre vie l'offrande de nous-même que nous avons faite avec celle du Christ. C'est dire que, normalement, la communion ne doit intervenir qu'au cours de l'eucharistie, sauf si la personne ne peut y participer pour une raison valable, comme la maladie ou l'absence d'eucharistie dans le voisinage.

Cette communion va changer notre vie. En effet, Jésus nous affirme que « celui qui mange ma chair et boit mon sang vit en moi et moi en lui » (Jn 6, 56). Ce n'est pas pour un instant seulement ! D'ailleurs, Jésus déclare aussi « celui qui mange ma chair et boit mon sang a la vie **éternelle** » (Jn 6,54).

Jésus demeure alors en nous et nous avons cette double grâce de sa présence :

- en chacun de nous par la communion
- au milieu de nous, dans la « sainte réserve »

8)- L'envoi : Nous sommes envoyés, à la fin de l'eucharistie, vers nos frères, dans le monde pour y porter la paix et la joie du Christ !

QUESTION : En quoi l'eucharistie peut-t-elle influencer notre vie?

Cela va changer notre vie puisque, comme le dit Paul, « ce n'est plus moi qui vis, c'est Christ qui vit en moi ». Je reste moi-même, mais ma vie change !

A)- Au lieu de me sentir seul, peut-être même abandonné et de dire comme Marthe et Marie : « si tu avais été là, mon frère ne serait pas mort ! » dans un doute et un reproche perpétuels, je me rends compte que Jésus est présent en moi et agit dans ma vie. Je n'accuserai plus Dieu d'être « aux abonnés absents » et je saurai qu'il me répond toujours, mais pas forcément selon ce que je veux lui imposer !

B)- Dans ma vie concrète de chaque jour, je n'aurai plus à me poser toutes ces questions du genre : « qu'est-ce que je vais devenir ?que va faire mon conjoint ?que deviendra mon enfant ?". En effet, Tu es là, Seigneur, en moi, agissant avec moi, puisque j'ai participé à l'eucharistie.

Je t'ai déjà reçu dans ta Parole, accueillie avec joie et humilité. Je t'ai reçu concrètement si j'ai communié à ton corps. Dés lors, je ne dirai plus : « si tu avais été là »! Au contraire, Paul nous dit (Rm 8, 10) « Si le Christ est en vous, votre corps a beau être voué à la mort à cause du péché, l'Esprit est votre vie par ce que vous êtes devenus des justes ».

L'importance de la communion ne doit pas, cependant, nous faire oublier que **le plus important, dans l'eucharistie, c'est l'offrande** que le Christ y fait de sa passion et de sa mort **pour le salut du monde**. On va voir comment Saint Jean, dans son évangile, met **cette offrande** en relief, sans même la détailler et d'une autre façon que les autres évangélistes !

LAVEMENT DES PIEDS ET EUCHARISTIE (Jean 13, 4- 18)

Le lavement des pieds des apôtres par Jésus éclaire de façon très forte l'institution de l'eucharistie et du sacerdoce, le soir du jeudi saint, lors de la dernière cène. A tel point que Jean, dans son évangile, se dispense de rapporter les paroles de Jésus touchant l'offrande au Père du sacrifice de sa passion et de sa mort. **Ceci afin, semble-t-il, de mieux mettre l'accent sur la nécessité de notre participation à cette offrande.**

A vrai dire, à l'époque où il écrivait son évangile, la pratique de l'eucharistie dans la primitive Eglise était déjà suffisamment solidement établie pour qu'il n'y revienne pas. Par contre, la nécessité, pour tous, de participer à l'offrande de Jésus, n'était sans doute pas encore évidente.

Ce lavement des pieds se situe au cours du repas déjà commencé. Il ne s'agit donc pas d'un rite de purification, mais de la démonstration des conditions requises pour pouvoir « participer » à l'offrande de Jésus qui va avoir lieu à la fin du repas.

1)-La première condition requise, c'est l'humilité, dont Jésus nous donne l'exemple, alors que Pierre, lui, tombe dans la fausse humilité au lieu d'obéir et passe d'un excès à l'autre.

2)-La seconde condition, c'est d'entrer dans le « service », c'est-à-dire, dans l'acceptation du plan de Dieu sur soi et sur les autres ! (« Ce que vous faites à l'un de ces petits qui sont mes frères, c'est à moi-même que vous le faites ! » Mt 25). C'est cela qui va permettre à chaque disciple de participer à l'offrande du Christ en s'offrant lui-même et tout ce qu'il va faire, par amour, dans le service, afin de correspondre au plan de Dieu.

On comprend, dés lors, que le **lavement des pieds était indispensable avant l'institution de l'eucharistie.**
Ce n'est pas pour rien non plus que le lavement des pieds s'est déroulé avant l'institution du sacerdoce ministériel. Celui-ci ne saurait en effet s'exercer comme un « pouvoir » mais comme un service, dans l'humilité vraie. L'Eglise l'a d'ailleurs bien compris, puisqu'elle exige l'ordination diaconale, c'est-à-dire l'ordination au service, avant l'ordination sacerdotale.
On dit, très justement, que c'est le jeudi saint que **Jésus a institué le sacerdoce ministériel. Mais il a institué aussi, en même temps, le diaconat.** On peut même dire qu'il a institué alors également le sacerdoce universel de tous les fidèles dans la mesure où tous sont appelés, comme les diacres, à participer avec les prêtres, à l'offrande sacrificielle du Christ lors de chaque eucharistie. On ne devrait plus parler « d'assistance à la messe » mais de « participation » !

QUESTION : Y a-t-il unanimité entre toutes les "dénominations chrétiennes" à propos de l'Eucharistie? Sur quoi portent les différences?

EUCHARISTIE ET OECUMENISME

Comment nos frères protestants définissent-ils ce sacrement dont ils ont conservé la pratique, de façons d'ailleurs très variable selon les différentes dénominations?

Pour un certain nombre, il s'agit seulement d'un souvenir symbolique de la dernière Cène, simple rappel de ce qui a été a l'origine de notre salut : le sacrifice du Christ!

Dès lors, il n'est pas question, pour eux, de présence réelle du Christ dans les espèces qui font l'objet du partage fraternel de ce simple souvenir.

A partir de cette différence de conviction, il y a souvent blocage des positions coupant court à tout dialogue : la présence réelle est acceptée par les uns, rejetée par les autres !

Ce n'est donc pas à ce niveau que le dialogue oecuménique peut être fructueux mais au niveau de la "participation".

On a vu plus haut comment Dieu voulait la "participation de l'homme" à la Rédemption, dans un double mouvement de Dieu vers l'homme et de l'homme vers Dieu. On a vu aussi comment une telle réalité exigeait, sans conteste, la présence effective, accueillante et active des deux "parties"!

Une "présence réelle de Jésus" lors des eucharisties, si elle est "motivée" par la nécessaire "participation" de l'homme, dans le cadre de la Rédemption, peut être plus facile à envisager, voir admettre de la part de certains.

Encore faut-il éviter l'écueil d'une inversion de l'importance de la "présence réelle" par rapport à celle de **l'offrande sacrificielle** elle-même, au cours de l'eucharistie!

L'offrande est **primordiale** et la présence réelle **indispensable** pour cela, certes. Mais il ne faudrait pas que le secondaire- indispensable, l'emporte sur le principal-primordial au point même de l'occulter! Or, parfois, certains semblent, par exemple, donner plus d'importance à la "sainte réserve" qu'à l'eucharistie elle-même! On entend souvent confondre les deux dans le langage courant. En entrant dans cette confusion, on justifie alors les réticences de ceux qui admettent difficilement la "présence réelle".

De même, certains fidèles font plus de cas de la présence de Jésus-hostie quand il est hors d'eux-mêmes et à distance, que lorsqu'il demeure en eux après la communion et que leur comportement ne correspond alors pas trop à cette présence!

Un effort œcuménique réel est donc à faire pour retrouver ensemble la vraie place et la signification de l'eucharistie dans le Plan de Dieu!

Mais l'eucharistie est peut-être, paradoxalement, une occasion d'ouverture concrète entre chrétiens vers l'Unité (cf Jn 17), après avoir donné lieu jadis et maintenant encore, malheureusement, à de lamentables affrontements.

CHAPITRE 8

VOCATIONS

Le dictionnaire Larousse relie ce terme à la notion d'appel dans un sens large. Dans tout appel, il y a un émetteur et un récepteur. Chacun peut se sentir appelé à quelque chose, sans percevoir très bien par qui.
Le chrétien sait que toute vocation le concernant est appel émanant de Dieu. C'est cette éventualité que nous allons d'abord examiner.

QUESTION : Quel est le sens chrétien du terme de VOCATION?

C'est un appel de Dieu en vue de tenir le rôle que Dieu assigne à chacun dans son Plan. Il faut donc distinguer vocation et désir de réaliser les éléments de mon plan personnel. En fonction de mes désirs, je peux me sentir porté à faire ceci ou cela, mais cela vient de moi, de mon propre plan !
Conséquence :
    - C'est Dieu qui appelle. Les hommes, alentour, n'ont qu'une possibilité de facilitation ou d'obstruction.
    - Si je ne réponds pas à l'appel de Dieu, il manquera une pièce dans le puzzle de son Plan.

QUESTION : Quelle est la vocation primordiale du chrétien?

Pour le chrétien, la vocation baptismale est sa « principale » vocation. Dans le baptême, Dieu nous appelle à **adhérer au Christ**, à l'amour, au Plan d'amour de Dieu.

De cette vocation principale découleront d'autres vocations, **secondaires** par rapport à cette vocation première, mais qui lui sont subordonnées. Par exemple, si je reçois l'appel de Dieu à former un couple
(vocation secondaire), ce sera dans la perspective de l'amour contenue dans l'engagement du sacrement de mariage et non dans la vision païenne de ce qu'est un couple. Si je reçois un appel de Dieu pour exercer une profession, ce sera pour l'exercer selon la vision chrétienne de cette profession. De même pour une vocation religieuse : elle sera une réponse à l'envoi de tout baptisé, par le Seigneur, pour porter la Bonne Nouvelle (Mc 16).
Toute vocation, pour le chrétien est une réponse à la proposition que Dieu lui fait d'adhérer à son Plan d'amour. Cela entraîne l'obligation d'agir vraiment par amour, donc :

- apporter à l'autre tout ce que l'on peut pour son véritable bonheur
- accepter de dépendre de l'autre pour notre propre bonheur

Objet des « vocations secondaires ». Elles concernent les différents secteurs de la vie :
- l'état de vie
- la profession
- la place dans la mission de l'Eglise (annonce de la Bonne Nouvelle, moyens de salut, accompagnement du Peuple de Dieu).
- la vie relationnelle avec les autres en général.

QUESTION : En quelle partie de nous-mêmes captons nous l'appel de Dieu ?

Comme nous l'avons vu dans les chapitres précédents, **c'est au niveau de notre esprit** que l'action de l'Esprit Saint transforme notre croyance en certitude de FOI.

C'est aussi au niveau de notre esprit que se manifeste le "don de Dieu" (Jn 4, 10), qui est son offre d'amour absolu. C'est au niveau de notre esprit que, de notre côté, nous acceptons ce don et le Plan de Dieu sur nous. Le baptême en est la concrétisation! Il est une réponse, au niveau de notre esprit, à la vocation baptismale primordiale à l'amour.

Par contre, c'est au niveau de notre raison que vont s'échafauder tous les calculs, les considérations, aboutissant à des choix précis concernant nos "vocations secondaires".Ce travail de notre raison sera, évidemment influencé par les sensations et sentiments dépendant, eux, des secteurs corporel et spirituel de notre âme, ainsi que de notre corps!

Autrement dit, notre vocation primordiale, baptismale, de donner l'amour comme sens à notre vie, **naît dans notre esprit**. Mais **nos vocations secondaires,** elles, tout en naissant, pour certaines, elles aussi, dans notre esprit, vont dépendre de plus en plus de notre âme et de notre corps, par le biais de la raison, des sensations et des sentiments…..!

Par exemple, un chrétien marqué par sa "rencontre avec le Christ" dans la foi, donc essentiellement au niveau de l'esprit, peut y ressentir la vocation au sacerdoce. Mais, pour choisir dans quel cadre exercer celui-ci, son âme et son corps seront déterminants. De même, pour un homme qui a reçu un appel au mariage chrétien avec tout l'engagement que cela comporte sur le plan de l'amour, cette vocation naît au niveau de son esprit, mais le choix de l'élue dépendra beaucoup de son âme et de son corps : goûts, affinités, attirance physique, milieu etc...!

On voit donc la confusion possible entre vocation venant de Dieu et pseudo vocation venant de nous –même ….et pas toujours de la meilleure partie en nous!

D'où la nécessité d'un discernement.

QUESTION : Qu'est-ce que le discernement des vocations?

C'est faire la part:
- de ce qui vient **de la grâce de Dieu**, exprimant alors la volonté de Dieu, son Plan sur chacun de nous
- **et ce qui provient de nous et risque de s'opposer au Plan de Dieu**. Cela peut venir de la partie charnelle de notre personne, encombrée souvent par les désirs purement "charnels" de notre "plan personnel" et contrariant le Plan de Dieu. Mais cela peut aussi venir de notre esprit s'il a refusé l'amour et préféré la recherche du bonheur par une autre voie! Ce qui est présenté comme appel de Dieu peut n'être alors qu'un désir personnel de pouvoir, par exemple!

Tout cela demande un discernement, pour lequel nous devons nous faire aider. Sinon, nous risquons de prendre de mauvais désirs pour des appels de Dieu, fabriquer de véritables idées délirantes et nous persuader que Dieu nous appelle, par exemple, à l'intolérance, à la haine et aux violences de toutes sortes!

Ce discernement a certaines exigences qu'il nous faut respecter!

C'est d'abord l'humilité comme le montrent le lavement des pieds (Jn 13), la mission toute entière de Jésus (Ph 2, 1-11). C'est la pratique absolue de la vérité (J n 16, 7-11),

(Jn 18, 37-38), l'obéissance et, en fait, ce qu'on appelle les "béatitudes" (Mt 5, 3-11).

A chacun de pratiquer tout cela et, en même temps de se faire "accompagner sur le plan spirituel et, en certaines occasions, sur le plan psycho spirituel puisque nous sommes des "personnes globales".

QUESTION : Les appels de Dieu sont-ils réservés aux chrétiens?

La volonté de Dieu, c'est que « pas un ne se perde » et **que son plan de salut pour tous les hommes se réalise.** Dieu souhaite donc l'adhésion de tous à l'amour. Au moment qu'il juge favorable, il éclaire l'esprit de chacun sur la réalité de l'amour comme valeur essentielle, universelle.
De même, il fera découvrir une autre réalité, celle de l'Amour absolu qui est en Dieu : **Dieu "est", il existe et il est Amour.** Ce n'est pas la pensée de l'homme et sa raison, qui lui révèleront cela, mais c'est l'Esprit de Dieu, qui le communique à l'esprit de l'homme! (cf chap 1, tome 1 et chap 2, tome 2).
L'appel de Dieu à "croire en celui qu'Il a envoyé" (Jn 6, 28-29), le Christ, passe ensuite, généralement, par la prédication de la Bonne Nouvelle
(Mc 16) et l'ouverture à cette prédication.
C'est cette **"ouverture"** qui, du côté de l'homme, déjà nécessaire pour accueillir le don de la foi, au niveau de l'esprit, l'est aussi pour accueillir, à ce même niveau et à celui de la raison, les modalités de la "Bonne Nouvelle". Tous les hommes sont concernés, d'une façon ou d'une autre par ces appels de Dieu qui nécessitent, en retour, d'ouvrir à Celui qui est à la porte et frappe (Apo 3, 20…).

Ainsi peut-on constater, en dehors du christianisme proprement dit, des appels de Dieu notoires.
Quand on voit le comportement du Boudha, ainsi que sa doctrine, on peut supposer qu'il a reçu un appel de Dieu à diffuser l'amour!
En ce qui concerne Mahomet, il est vraisemblable qu'il a reçu la révélation, par grâce, au niveau de son esprit, de la majesté de Dieu. Mais sa doctrine est profondément marquée par sa raison, et par le "charnel", d'où certains préceptes et comportements qui sont en contradiction avec la Bonne Nouvelle du Christ!

En fait, il est notoire que tout homme, étant « image de Dieu », **porte en lui un désir d'amour fondamental qui est déjà appel de Dieu et suscite de nombreux appels de Dieu en conséquence!**

QUESTION : Peut-il y avoir des vocations contradictoires chez une même personne?

Si, au niveau de cette vocation première qu'est la vocation baptismale, il ne peut y avoir de concurrence ou contradiction avec une autre vocation, par contre, au niveau des vocations secondaires, il y a, à l'évidence, multiplicité possible de vocations chez une même personne.

Peut-il alors y avoir concurrence entre plusieurs vocations, voir opposition ?

En réponse à cette question, on doit s'attacher tout d'abord à confirmer le caractère authentique de ces « vocations », c'est-à-dire reconnaître qu'il s'agit d'un appel de Dieu. Si tel est le cas, elles doivent être respectées. Jésus nous dit (Mc 3, 24) que Dieu ne pouvait être en opposition avec lui-même!

Si donc une vocation est réelle et comme Dieu ne peut « ni se tromper ni nous tromper », il n'appartient pas à l'homme de se mettre en travers d'un appel authentique de Dieu. Il risquerait, comme disait Gamaliel (ac 5, 33-39) de se mettre en guerre contre Dieu. On doit respecter tout véritable appel de Dieu !

Ce problème de « concurrence » entre vocations multiples chez une même personne est donc, en réalité, un faux problème, un piège que nous devons éviter.

La première précaution est d'établir que telle ou telle vocation est bien un appel de Dieu. Ainsi en est-il, normalement, d'une vocation sacerdotale éprouvée. De même pour une véritable vocation au mariage chrétien.

Dés lors, si un homme affirme avoir reçu un appel à la fois à l'une et l'autre de ces vocations, est-t-il légitime de s'opposer à l'une ou à l'autre si un règlement (non universel d'ailleurs) s'oppose à leur réalisation concomitante ?

Il y a là, pour le moins, une obstruction à la volonté de Dieu. Peut-être, pour justifier cette obstruction, certains avanceront-t-ils que l'appel au sacerdoce est plus important que l'appel au mariage chrétien dont la légitimité et le caractère sacramentel rencontrent peut-être chez eux un doute. Cette position rappelle l'attitude des adversaires de Jésus lorsqu'il leur a posé la fameuse question : "le baptême de Jean venait-il des hommes ou de Dieu"? On peut, à juste titre, transposer cette question en la suivante : " la vocation au mariage chrétien vient-elle des hommes ou de Dieu"? Car **c'est le même respect de l'appel de Dieu qui est en cause.** Pour trancher, mieux vaut suivre le sage conseil de Gamaliel: ne pas risquer de se trouver en guerre contre Dieu....et changer alors certain règlement que les chrétiens orientaux (y compris catholiques romains) ont eu la sagesse de ne pas instituer !

A n'en pas douter, les appels de Dieu ne sont jamais contradictoires : c'est l'homme qui amène la confusion...pas Dieu!

CHAPITRE 9

APRES LA MORT

Notre fil conducteur sera la Parole de Dieu et l'enseignement de l'Eglise qui en découle.

Nous avons besoin, en effet, de faire un tri dans tout ce qui nous est dit, montré, voir imposé par notre milieu, les médias, certaines « traditions » qui ne sont que des **emprises** risquant de nous troubler en nous menant sur un chemin de malheur !

QUESTION : Que se passe-t-il après la mort ?

LE JUGEMENT

Après leur mort, les humains doivent rendre compte du choix concret (et pas seulement théorique) qu'ils ont fait durant leur vie par rapport à l'AMOUR ! Autrement dit, chacun devra prouver qu'il a répondu à l'amour donné par Dieu aux hommes en la personne du Christ, en accueillant lui-même le Christ. Comme nous le rapporte Jean (Jn 6, 28-29), c'est en effet en "croyant en l'envoyé de Dieu, le Christ, qu'on accomplit les œuvres de Dieu". Et Jésus précise, dans le chapitre 25 de Mathieu, à propos du "jugement dernier", que c'est en "accueillant ce petit qui est son frère qu'on accueille concrètement le Christ lui-même (Mt 25, 40). Il aura donc fallu que notre vie soit un **accueil de l'amour assorti de sa pratique concrète** et pas seulement théorique, pour entrer dans le Royaume de Dieu!

Paul décrit ce même « jugement particulier » dans 2 Cor 5, 10.

Concrètement, il porte sur notre adhésion au Christ, certes, mais en fin de compte sur la façon dont cette adhésion s'est traduite dans toute notre vie.

Notre vie, dans le Plan de Dieu, est destinée à un apprentissage de l'amour afin que, d'image de Dieu que nous sommes au point de départ, nous arrivions à Lui ressembler suffisamment, en amour. Alors nous serons capables de vivre dans la communion d'amour existant en Dieu Lui-même entre les trois Personnes de la Trinité. Voila le Plan de Dieu!

Autrement dit, à notre mort, après l'apprentissage de la vie, nous passons un « examen », un jugement ! La question est de savoir si nous avons réussi ou échoué à gagner notre qualification en amour? Si oui, alors nous sommes reconnus capables, après cet apprentissage, d'entrer dans la « vie active », la Vie éternelle du Royaume. Si nous ne sommes pas encore au point, il est prévu une session de rattrapage dans un cours spécial appelé « purgatoire » où ceux qui ont opté pour l'amour vont parfaire leur capacité d'aimer en vue de la Vie éternelle. Là, ils sont déjà dans la joie d'être aimés et pardonnés par Dieu à un point qu'ils n'avaient pas totalement réalisé, mais aussi dans la souffrance d'avoir autrefois manqué à l'amour, c'est-à-dire d'avoir péché et ainsi avoir fait des « dégâts ».

La réparation de ces « dégâts », c'est Jésus qui l'a faite par son sacrifice suprême et qui la continue, au fur et à mesure, par cette offrande réitérée de sa passion et de sa mort au cours de chaque eucharistie, jusqu'à la fin des temps. Mais Jésus nous a demandé d'y participer, nous les vivants, mais aussi les « âmes en purgatoire ». Nous réalisons cela par notre participation à son **offrande sacrificielle concrétisée lors de l'eucharistie**. Les « âmes en purgatoire » sont alors présentes, avec nous et Jésus lui-même. Elles participent activement avec nous à cette offrande du Christ à son Père en y apportant leurs joies et leurs souffrances, tout comme nous, dans cette « communion des saints » où interviennent aussi toutes les créatures qui se tiennent déjà en présence de Dieu dans le Royaume. Tout cela est orienté vers le BIEN, vers l'AMOUR.

Comment se fait le « jugement » ?

En Jean 5, 21-29, Jésus, avant sa passion, déclare que le Père « ne juge personne, il a remis tout jugement au Fils afin que tous honorent le Fils comme ils honorent le Père. Celui qui n'honore pas le Fils, n'honore pas non plus le Père qui l'a envoyé » Jésus ajoute : « celui qui écoute ma parole et croit en Celui qui m'a envoyé, a la vie éternelle ; il ne vient pas en jugement, mais il est passé de la mort à la vie » (v 22-24). Le critère sur lequel se fait le « jugement » est donc, tout simplement l'adhésion à Jésus, l'adhésion à l'amour, comme on l'a vu plus haut !

Devant la passion et la mort du Christ, chacun, librement, a le choix, soit d'adhérer à l'amour, soit de le refuser. Dés lors, deux situations sont possibles :

1) Celle des humains qui, avant le sacrifice de Jésus, ont vécu dans l'ignorance de celui-ci. Jésus, au verset 25, prédit sa descente aux « enfers », lieu d'attente. Il se révèle alors à ceux qui ont tout ignoré du salut en préparation, auxquels il va proposer ce salut par adhésion à sa Personne, à l'AMOUR qu'il personnifie. C'est alors que, à tous ceux là, après la mort de Jésus et lors de sa « visite » aux enfers, il leur a été offert le « choix » définitif pour ou contre l'amour, capable de délivrer leur âme de l'attente puisque ceux « qui l'auront entendue vivront » (v 25), « entendre » signifiant ici « adhérer ».

Mais Jésus poursuit en évoquant déjà la résurrection finale à la fin du monde, à laquelle participeront non seulement ceux qu'il a visités lors de sa descente « aux enfers » affirmée dans le credo, mais aussi toute l'humanité ayant vécu après sa mort et sa résurrection (v29), sous réserve de son adhésion à l'amour!

Cette façon de « télescoper » deux événements dissociés dans le temps, Jésus l'emploiera aussi dans l'annonce de la destruction du Temple et de la fin du monde, en un seul passage.

2) La fraction de l'humanité dont nous faisons partie, venue après le sacrifice du Christ :

- soit les hommes auront adhéré à l'annonce de la Bonne Nouvelle (cf Mc 16) et donc à l'AMOUR et auront concrétisé cela par le choix du baptême et l'orientation effective de leur vie. Ils sont alors aptes à entrer dans le Royaume (après éventuel passage en purgatoire).

- soit ils ont refusé l'annonce de la Bonne Nouvelle et ont donc refusé le salut.

- soit, n'ayant pas pu recevoir cette annonce, ils seront « jugés sur l'amour », comme le montre la parabole du jugement dernier en Mt 25. Ainsi se réalisera, pour tous ceux qui ont choisi l'amour, ce que nous affirme Ph3, 20 : la vie éternelle dans le Royaume, avec un corps glorieux ressuscité à la fin du monde. Ceux qui auront refusé l'amour se seront privés de la seule source de bonheur possible et se seront donc soumis, de par leur libre choix, à la souffrance de cette privation et aussi dans la haine de tout ce qui est « Bien », « Amour », donc dans la haine de Dieu et des autres créatures. Ils ne pourront se débarrasser de la présence même de ce Dieu qu'ils voudraient anéantir, présence obsédante, insupportable pour eux, mais inévitable et définitive.

QUESTION : Quelles relations avoir avec les défunts

NOS RELATIONS AVEC LES DEFUNTS

Elles doivent tendre à la réalisation du Plan de Dieu : le bonheur dans la communion de Vie trinitaire, dans le Royaume, pour tous ceux qui auront fait le choix de l'amour dés cette vie, même au seuil de la mort et l'auront éventuellement complété en purgatoire.

<u>Nous pouvons donc et devons entrer en relation avec tous ceux qui sont dans le Royaume ou sont destinés à y entrer.</u> Cette relation, elle se fait dans le « corps du Christ » qui est l'Eglise en ses trois composantes : « triomphante », comportant tous les « saints » parvenus au Royaume, souffrante, comportant ceux qui sont en « purgation » et « militante », faite de toute l'humanité sur la terre. Par la « communion des saints » s'effectue un perpétuel échange d'amour (et par conséquent d'intercession les uns pour les autres) entre ces trois composantes du « corps du Christ » dont ce dernier est la tête. <u>Le plus intense de cet échange se fait lors de l'eucharistie où tous sont là, autour de Jésus, pour s'offrir avec lui au Père.</u>

<u>Rien de comparable en qui concerne ceux qui ont choisi le Mal</u>, autour de leur chef, l'ex-ange de lumière, Satan. Leur désir, c'est le malheur des hommes, sous toutes ses formes et essentiellement par la séparation d'avec Dieu. Cette véritable « communion du Mal » représente pour nous un danger tel que Dieu nous met formellement en garde contre tout contact avec elle.

DEFUNTS ET COMMUNION DES SAINTS

<u>C'est seulement dans la « communion des saints » que nous devons entrer en relation avec les défunts.</u> Si, comme nous l'espérons, ceux que nous désirons « contacter » font partie de cette communion, alors, notre « prière » pour eux, qui est l'expression de notre amour et de celui du corps du Christ en son entier est sûre de les rejoindre et de leur faire du bien. De même, nous bénéficions des prières qu'ils font monter vers Dieu pour nous ! Bien entendu, toute relation avec les défunts exige que nous entrions pleinement **dans le pardon envers eux.**

A plus forte raison, toute démarche directe ou indirecte vis-à-vis des morts, effectuée pour assouvir une rancune serait extrêmement grave !

QUESTION : Quelles son nos obligations envers les défunts?

Saint Paul nous dit de n'avoir aucune dette envers personne si ce n'est celle de l'amour !
Or, nous tombons souvent sous l'emprise de certains qui aiment bien « lier sur les épaules des autres des fardeaux »…inutiles ou indus !
Au moment de la mort, le bon sens, l'amitié, l'amour, nous invitent à faire « ce qui est juste », sans ostentation, exagération ni, au contraire, indifférence, en respectant, autant que possible les « dernières volontés » des défunts. Par contre, jamais l'Eglise n'a demandé, par exemple, de s'abstenir de viande pendant quarante jours après le décès d'un parent, ou autres « sacrifices ». Toute démarche d'ascèse, c'est-à-dire de privation ou d'effort effectuée en vue d'un « plus » sur le plan spirituel doit provenir de l'amour et non de la « crainte d'offenser les morts ». Tous les « interdits » édictés par des personnes désireuses d'exercer un pouvoir sur les autres dans la peur, sont abusifs et malsains : par exemple l'obligation de porter telle couleur dans le deuil, de ne pas parler autour d'une tombe etc…

Cela rejoint toutes les « peurs des âmes » supposées errant après leur mort durant un temps déterminé et portant malheur à qui croiserait leur chemin, surtout après une certaine heure de la journée et sous certains arbres ! On voit ainsi des gens rester chez eux durant tout le mois de Novembre (« mois des morts ») par peur de sortir. Tout cela ne vient pas de Dieu mais de l'Ennemi !
Et nous savons bien que nous sommes « dans la main du Père » et que celui qui est dans la main du Père nul ne pourra l'en retirer ! (Jn 10, 29). Paul

nous l'affirme: "...ni la mort ni la vie, ni les esprits ni les puissances....rien ne pourra nous séparer de l'amour de Dieu qui est en Jésus Christ notre Seigneur (Rm 8, 39)!

Oui, je veux morebooks!

i want morebooks!

Buy your books fast and straightforward online - at one of world's fastest growing online book stores! Environmentally sound due to Print-on-Demand technologies.

Buy your books online at
www.get-morebooks.com

Achetez vos livres en ligne, vite et bien, sur l'une des librairies en ligne les plus performantes au monde!
En protégeant nos ressources et notre environnement grâce à l'impression à la demande.

La librairie en ligne pour acheter plus vite
www.morebooks.fr

VDM Verlagsservicegesellschaft mbH
Heinrich-Böcking-Str. 6-8   Telefon: +49 681 3720 174   info@vdm-vsg.de
D - 66121 Saarbrücken   Telefax: +49 681 3720 1749   www.vdm-vsg.de

www.ingramcontent.com/pod-product-compliance
Lightning Source LLC
Chambersburg PA
CBHW020807160426
43192CB00006B/481